Der persönliche IQ-Test

J. E. Klausnitzer

Der persönliche IQ-Test

So bestimmen Sie
Ihren Intelligenz-Quotienten

Mit zahlreichen
aktuellen Testaufgaben

Seehamer Verlag

© by Autor und Verlag
Genehmigte Sonderausgabe 1996 für
Seehamer Verlag GmbH, Weyarn
Titelgestaltung: Bine Cordes, Weyarn
Printed in Austria
ISBN 3-929626-93-4

Inhalt

Vorwort

Der Testband „Der IQ-Selbsttest" ist eigentlich eine Fortsetzung der „Intelligenzschule" (Kompaktwissen Band 112 vom gleichen Verfasser). Gestaltung und Absicht beider Werke zeigen viele Parallelen.

„Der IQ-Selbsttest" erfüllt den Wunsch des Lesers, seine Intelligenz durch ein exaktes und zuverlässiges Meßverfahren – den Intelligenztest – zu messen.

Die Taschenbuchform ist dazu geeignet, einer möglichst breiten Leserschaft zu einem erschwinglichen Preis einen qualitativ guten Intelligenztest zu bieten, der den international gültigen wissenschaftlichen Normen entspricht.

Dieser Testband ist die normierte und standardisierte Fassung der „Intelligenzschule". Das Testaufgabenmaterial ist jedoch testtechnisch so verändert worden (durch Umstellen der Aufgabenfolgen, Drehen der Grafiken um verschiedene Winkel, Reduzieren der Aufgabenzahl usw.), daß „Der IQ-Selbsttest" auch für den Leser, der die „Intelligenzschule" kennt, interessant und brauchbar bleibt. Hinsichtlich Test und Testtraining ergänzen sich beide Bücher ausgezeichnet. Die „Intelligenzschule" setzt den Akzent mehr auf Spiel und Übung, „Der IQ-Selbsttest" mehr auf Ernst und genaue Messung.

In beiden Bänden kommt der Leser durch das originelle und reizvolle Aufgabenmaterial auf seine Kosten.

Josef E. Klausnitzer

Einleitung

Seit dem ersten Erscheinungsjahr 1972 hat dieses Buch bestätigen
können, daß es einen qualitativ guten Intelligenztest bietet. In seiner Aussagekraft hat er zwischenzeitlich nichts an Aktualität ver-
loren.

Wie schon in INTELLIGENZSCHULE (Kompaktwissen, Band
112) ausgeführt, ist man im Bezug auf die Wichtigkeit des Intelligenz-Quotienten etwas abgeklärter geworden. Heute reduziert
man die Intelligenz im Sinne eines ganzheitlichen Verständnisses
der menschlichen Persönlichkeit auf das ihr zustehende Maß. Vor
allem wird der Tatsache mehr Rechnung getragen, daß Intelligenz
als abstrakte Leistungsfähigkeit keine Garantie für Lebensglück
und Berufserfolg darstellt, solange sie aufgrund von seelischen Stö-
rungen, wie z. B. Kontaktängste, oder Denkblockierungen, wie
z. B. Vorurteile, am konstruktiven Einsatz gehindert wird.

Um Ihren persönlichen Informationsgewinn zu vergrößern, ist dieser Intelligenztest um 2 Fragebögen erweitert worden. Sie geben
über Ihre persönliche Verfassung und Ihr Intelligenz-Management
Auskunft.

Aus den Leserzuschriften sind zwei Fragen zu beantworten, die
von allgemeinem Interesse sind. Die eine Frage bezieht sich auf
die Erfahrung mancher Leser, daß bei der Bearbeitung verschiede-
ner Testbücher verschiedene Intelligenz-Quotienten erzielt werden. Die Erklärung liegt darin, daß verschiedene Testautoren
unterschiedliche Intelligenzaspekte in ihrem Test berücksichtigen.
So kann in dem einen Test mehr die sprachliche Intelligenz, in dem
anderen Test mehr die Handlungsintelligenz getestet worden sein.
Ist jemand stärker in seiner sprachlichen Leistungsfähigkeit, wird
er dort einen höheren IQ erlangen als in einem handlungsorien-
tierten Test.

Außerdem gilt zu bedenken, daß die verschiedenen Intelligenz-
Testbücher einen unterschiedlichen Qualitätsstandard haben. So
wird der erreichbare IQ in einem wissenschaftlich nicht gesicher-
ten Test meistens höher liegen, als in einem wissenschaftlich fun-
dierten.

Die zweite Frage befaßt sich mit dem Sachverhalt, daß manche

Leser überraschend einen niedrigeren persönlichen IQ erhalten als es ihr Berufserfolg erwarten ließ. Der Grund dazu kann darin zu sehen sein, daß der Berufserfolg in einem Beruf erreicht worden ist, für den Intelligenz relativ bedeutungslos ist. Zum anderen aber weiß jeder, daß der Tüchtigste nicht immer der Erfolgreichste ist, vor allem wenn er kein Glück, keine Protektion, kein Geld oder nicht genügend Skrupellosigkeit besitzt.

Literaturempfehlungen

Arnold, W.: Person, Charakter, Persönlichkeit. Hogrefe, 1962
De Bono, E.: in 15 Tagen denken lernen. Rowohlt 6833
Hiltman, H.: Kompendium der psychodiagnostischen Tests. Huber, 1960
Jäger, A. O.: Dimensionen der Intelligenz. Göttingen. 1967
Klausnitzer, Intelligenzschule, Heyne Verlag München, KW Band 112
Lexikothek: Wege zu Wissen und Bildung. Bertelsmann. 1978
Lienert, G. A.: Testaufbau und Testanalyse. Weinheim. 1969
Management Enzyklopädie. Bd. 3. Fischer & Moderne Industrie. 1975
Meili, R.: Lehrbuch der psychologischen Diagnostik. Huber. 1965
Mierke, K.: Begabung, Bildung und Bildsamkeit. Bern. 1963
Piaget, J.: Psychologie der Intelligenz. Zürich. 1948
Pfaff, G.: Schulleistung, Berufseignung und Bewährung. Huber, 1966
Roth, E., Oswald, W. D., Daumelang, K.: Intelligenz - Aspekte - Probleme - Perspektiven. Urban TB 144
Wälti, U.: Persönlichkeitszüge im Spiegel der Intelligenzstruktur. Bern. 1970
Weiss, R.: Schulleistung und Intelligenz. Linz. 1964

Testbeschreibung

Testbeschreibung

Betrachten Sie den Intelligenztest nicht nur als ein nützliches Vergnügen! Nehmen Sie ihn gebührend ernst. Denn die Tests in diesem Buch sind geeicht – und das bedeutet, daß das Testergebnis tatsächlich Rückschlüsse auf Ihre Intelligenz zuläßt (selbstverständlich vorausgesetzt, Sie halten sich genau an die vorgeschriebenen Testanweisungen).

Ein Großteil der Anziehungskraft des Intelligenztests ist mit Sicherheit darauf zurückzuführen, daß sich jeder endlich den sichtbaren Beweis dafür erhofft, daß er intelligenter ist, als er dachte. Wer zählt sich nicht gern zur „geistigen Elite", wer möchte nicht gern zu den oberen Zehntausend der „Intelligenzgesellschaft" gehören? Was aber, wenn das Testergebnis anders als erwartet ausfällt? Muß man nochmal auf die „Intelligenzschule"?

Ihr persönlicher Intelligenztest plaziert Sie auf der Intelligenzskala von 49 bis 152 IQ (IQ = Intelligenzquotient).

Mit 140 bis 152 IQ besitzen Sie eine ausgezeichnete Intelligenz. Das ist absolute Spitzenleistung. Sie erhalten die Note 1.

125 bis 139 IQ erreichen Sie mit einer sehr guten Intelligenz. Etwa 95 % der Leser sind weniger intelligent als Sie. Das ist Note 2.

Gut ist Ihre Intelligenz, wenn Sie auf 110 bis 124 IQ kommen. Ungefähr 74 % der Leser sind weniger intelligent als Sie. Note 3.

Ihre Intelligenz ist befriedigend, wenn Sie 95 bis 109 IQ erreichen. Das entspricht dem Durchschnitt. Etwa 50 % der Leser sind besser und 50 % sind schlechter als Sie. Entspricht der Note 4.

Ausreichend intelligent sind Sie, wenn Ihr IQ zwischen 79 und 94 liegt. Etwa 67 % der Leser sind dann allerdings intelligenter als Sie. Sie erhalten die Note 5.

Bei einem IQ-Wert von weniger als 78 ist Ihre Intelligenz mangelhaft (Note 6), von weniger als 64 ungenügend (Note 7). Bei diesen IQ-Zahlen werden Sie hoffentlich nicht liegen!

Es steht also je nach Ehrgeiz, Anspruchsniveau und Selbsteinschätzung für Sie einiges auf dem Spiel. Und deshalb ist der Intelligenztest mit seinen 12 Untertests mit viel empirischem Aufwand auf die notwendigen Gütekriterien hin geeicht worden, die ein guter psychologischer Test unbedingt erfüllen muß. Nach Erscheinen der „Intelligenzschule" sind die Tests zusätzlich noch einmal an einer Gruppe von etwa 100 Personen als Eichstichprobe (Schüler, Studenten und Berufstätige im Alter von durchschnittlich 20 bis 21 Jahren) auf ihre Zuverlässigkeit und Gültigkeit hin geprüft worden. Sie können als Laie kaum abschätzen, wieviel Arbeitsaufwand dazu notwendig ist. Der Lohn der Mühe ist ein Meßinstrument, das das genau mißt, was es messen will: nämlich Intelligenz.

„Der IQ-Selbsttest" ist weitgehend unabhängig von der Schulbildung und so gut wie sprachfrei. Das Testergebnis steht z. B. in keinem Zusammenhang mit der Schulnote! Wer gute Examensnoten hat, erzielt nicht unbedingt auch ein gutes Testresultat – und umgekehrt.

Die einzelnen Aufgaben der Tests sind sehr trennscharf: Schwere Aufgaben werden nur von intelligenten Lesern gelöst, kein intelligenter Leser scheitert an einer leichten Aufgabe.
Die Testbatterie mit ihren 12 Untertests erreicht einen Zuverlässigkeitswert von 0,90 und einen Gültigkeitswert von 0,60! Diese Zahlen besagen, daß der Intelligenztest mit etwa 95 %iger Sicherheit exakt und in mehr als $3/4$ aller Fälle tatsächlich Intelligenz mißt.
Die günstigen Eichwerte dürften unter anderem mit darauf zurückzuführen sein, daß Tempotests mit ihrer quantitativen

Komponente (Schnelligkeit: wieviel Zeit zum Lösen einer Aufgabe benötigt wird) und Powertests mit ihrer qualitativen Komponente (richtige Lösung: wie viele Aufgaben innerhalb einer bestimmten Zeit richtig gelöst werden) optimal zusammenwirken.

Die Aufgaben der Powertests sind nach steigendem Schwierigkeitsgrad von 90 % bis 10 % gestaffelt. Pro Aufgabe nimmt der Schwierigkeitsgrad um etwa 10 % bis 20 % zu. Die erste Aufgabe eines Untertests mit einer Schwierigkeit von 90 % kann von 90 % der Leser gelöst werden, die letzte Aufgabe mit einer Schwierigkeit von 10 % kann nur noch jeder zehnte Leser lösen. Ihre Intelligenzkapazität manifestiert sich in der Zahl der innerhalb der vorgeschriebenen Zeit richtig gelösten Aufgaben.

Die Aufgaben der Tempotests haben einen Schwierigkeitsgrad von 90 %. Die Aufgaben sind nicht schwierig und können von fast allen Lesern gelöst werden. Ihre Testleistung – von der aus auf Ihre Intelligenz geschlossen wird – ist hier die Zeit, die Sie benötigen, um alle Aufgaben richtig zu lösen. Das Tempotest-Prinzip ist für den Selbsttest, den Sie ja mit diesem Testbuch durchführen, besonders gut geeignet.

Testvorschrift

Testvorschrift

Zum Selbsttesten brauchen Sie einen Bleistift (zum Ankreuzen oder Notieren der Lösungen), eine Stoppuhr (die Zeitgrenzen sind so bemessen, daß auch eine einfache Armbanduhr mit Sekundenzeiger ausreicht), Ehrlichkeit (durch Mogeln wird Ihr Selbsttestergebnis wertlos) und Engagement (die Aufgaben sollen so schnell wie möglich bearbeitet werden).

Am besten ist es, wenn Sie Ihre Testzeiten von einer zweiten Person als „Testleiter" messen lassen. Sie gehen dann der Versuchung aus dem Wege, durch allzu großzügige Zeithandhabung das Testergebnis zu Ihren Gunsten zu verfälschen.

Im übrigen brauchen Sie sich nur an die jeweilige Testvorschrift zu halten, die jedem Untertest vorangestellt ist. Machen Sie sich anhand des Aufgabenbeispiels die Aufgabenstellung klar. Blättern Sie nicht vorzeitig um oder nachträglich noch einmal zurück. Vor allem aber: Lösen Sie die Testaufgaben im Kopf! Schriftliche Notizen sind eine unerlaubte Hilfe. Drehen Sie das Buch auch nicht, während Sie nach der Lösung suchen.

Halten Sie sich unbedingt an die Marschroute:

1. Bleistift weglegen.
2. Durchführungsanweisung lesen und Beispiel studieren. Nicht vorblättern.
3. Startzeit notieren.
4. Zur ersten Aufgabe umblättern und die Testaufgaben so schnell wie möglich durcharbeiten.
   a) Bei den Powertests die einzelnen Aufgaben der Reihe nach lösen, bis die vorgeschriebene Zeit abgelaufen ist. Nicht die Zeit überziehen!
   b) Bei den Tempotests alle Aufgaben lösen und die Zeit notieren, die Sie zur Bearbeitung aller Aufgaben benötigen. Die Reihenfolge der Bearbeitung spielt keine Rolle.
5. Bleistift weglegen.
6. Weiter wie bei (2.) und so fort.

Daß Sie bei den Powertests die Reihenfolge der Testaufgaben beachten, ist deshalb wichtig, damit Sie sich durch Überspringen einer leichteren Aufgabe nicht selbst benachteiligen, weil Sie mehr Zeit zur Lösung der schwierigeren Aufgabe vertun. Die Beachtung der Reihenfolge bei den Tempotests ist weniger wichtig als die Tatsache, daß Sie alle Aufgaben richtig gelöst haben! Sie bekommen nämlich für jede falsche Lösung Strafzeiten angerechnet, die Ihr Punktekonto schmälern.

Selbstverständlich wissen Sie, daß Sie eine hohe Punktzahl erreichen müssen, wenn Sie auf einen hohen IQ kommen wollen. Intelligenz und erreichte Punktezahl hängen unmittelbar zusammen. Sie erhalten um so mehr Punkte, je mehr Aufgaben Sie bei den Powertests in der vorgeschriebenen Zeit richtig lösen, je schneller Sie bei den Tempotests alle Aufgaben richtig lösen.

Orientierungshilfe 1

IN WELCHER STIMMUNG SIND SIE GERADE?

Wenn Sie den Test Ihrer Intelligenz nicht nur als ein nützliches sondern auch vergnügliches Unterfangen erleben wollen, dann sollten Sie vorher prüfen, ob Sie auch in der entsprechenden Stimmung sind.

Die erreichte Intelligenzleistung ist zwar weitgehend unabhängig von Schwankungen der Stimmungslage. Aber so können Sie der Versuchung entgehen, ein eventuell niedrigeres Ergebnis als erwartet mit schlechter Stimmung zu entschuldigen.

Stellen Sie mithilfe der folgenden Selbstbeobachtung fest, ob Sie genügend entkrampft und zwanglos die Bearbeitung der Intelligenztestaufgaben anpacken können.

Bewerten Sie, welcher Stimmungsgrad auf Sie zutrifft.
0 geben Sie, wenn diese Eigenschaft momentan überhaupt nicht auf Sie zutrifft. 3, wenn sie so halb und halb und 6, wenn sie so völlig zutrifft. Mit den Abstufungen 1, 2, 4 und 5 können Sie je nach Empfinden weiter differenzieren.

Ich fühle mich jetzt ...

ausgeruht	0	1	2	3	4	5	6
zufrieden	0	1	2	3	4	5	6
gutgelaunt	0	1	2	3	4	5	6
entspannt	0	1	2	3	4	5	6
unvoreingenommen	0	1	2	3	4	5	6
zuversichtlich	0	1	2	3	4	5	6
stabil	0	1	2	3	4	5	6
aufnahmefähig	0	1	2	3	4	5	6
heiter	0	1	2	3	4	5	6
ungezwungen	0	1	2	3	4	5	6

Addieren Sie alle angekreuzten Zahlenwerte und teilen Sie die erhaltene Summe durch 10. Dieser Zahlenwert bringt Ihre momentane Stimmung zum Ausdruck.

Sie sollten mindestens einen Wert von 4,0 erreichen. Je geringer der erzielte Stimmungswert ist, desto größer ist die Gefahr, daß Sie zu ängstlich und verbissen an der Lösung der Testaufgaben arbeiten. Verschieben Sie den Test dann lieber auf einen späteren Zeitpunkt.

Bevor Sie

anfangen:

Halten Sie genau die

Testanweisungen

und vor allem die

Zeitbegrenzungen

ein!

Die Brauchbarkeit

Ihres Testergebnisses

hängt davon ab.

Denken Sie daran!

Der persönliche IQ-Test

Die 8 Aufgaben dieses Tests haben keinen hohen Schwierigkeitsgrad. Sie können alle Aufgaben lösen.
Das Meßergebnis ist die *Zeit*, die Sie benötigen, um *alle* Aufgaben *richtig* zu lösen.

Die Reihenfolge, in der Sie die Aufgaben bearbeiten, ist dabei nebensächlich. Lösen Sie aber alle Aufgaben richtig. Jede falsche Lösung verringert Ihre Punktezahl!

Arbeiten Sie so schnell wie möglich.

**BEISPIEL
DER TESTAUFGABE**

Können Sie erkennen, was die mit Strichen angedeuteten Umrißlinien darstellen?

Wenn Sie die gestrichelte Umrißskizze mit dem danebenstehenden Fotos vergleichen, dann stellen Sie fest, daß sich die Umrisse der Strichelskizze genau mit den Gegenständen auf dem Foto decken.

Auf den folgenden Seiten finden Sie 12 Fotos und 8 Strichelskizzen. 8 der 12 Fotos decken sich genau, wie im Beispiel gezeigt. Sie sollen herausfinden, welche Fotos zu welchen Umrissen passen. Schreiben Sie den Buchstaben des zutreffenden Fotos in das Kästchen neben die Aufgabennummer.

Bitte nicht umblättern, bevor Ihnen die Aufgabenstellung klargeworden ist!

Schauen Sie auf die Uhr: → Startzeit [ ] **→ Start →**

TEST 1

Das sind die 12 Fotos von A bis M.

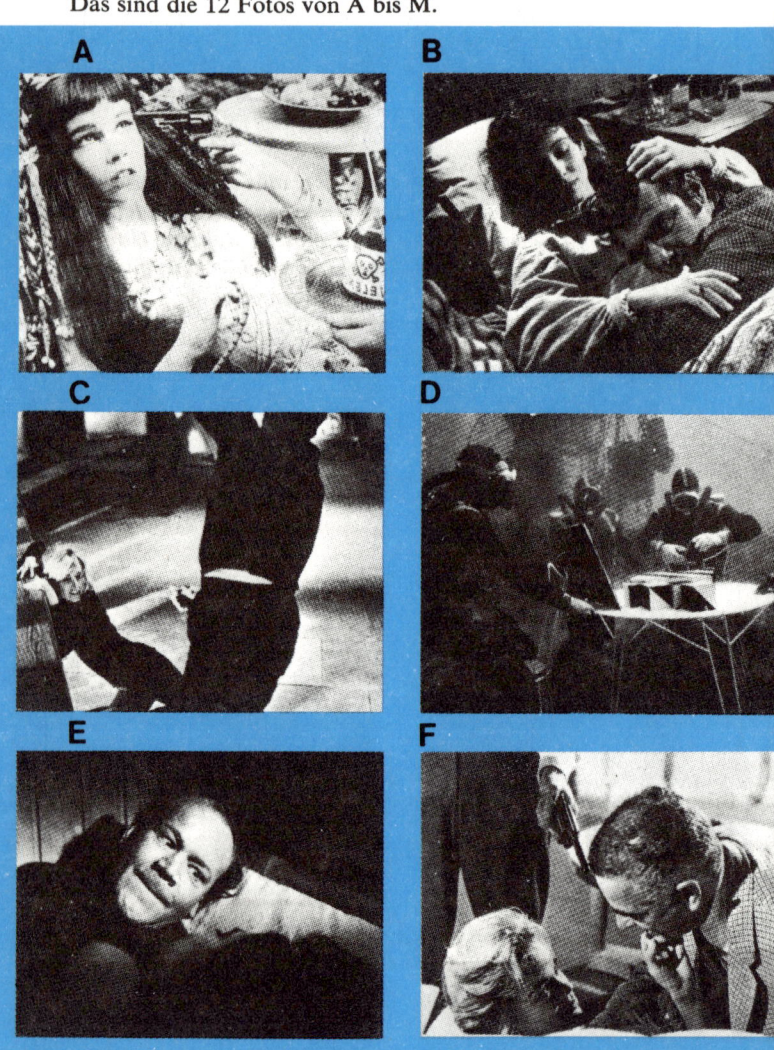

A

B

C

D

E

F

TEST 1

G

H

I

K

L

M

Bitte umblättern!

Welche Fotos passen zu den Umrißskizzen?

Aufgabe | **1** | |

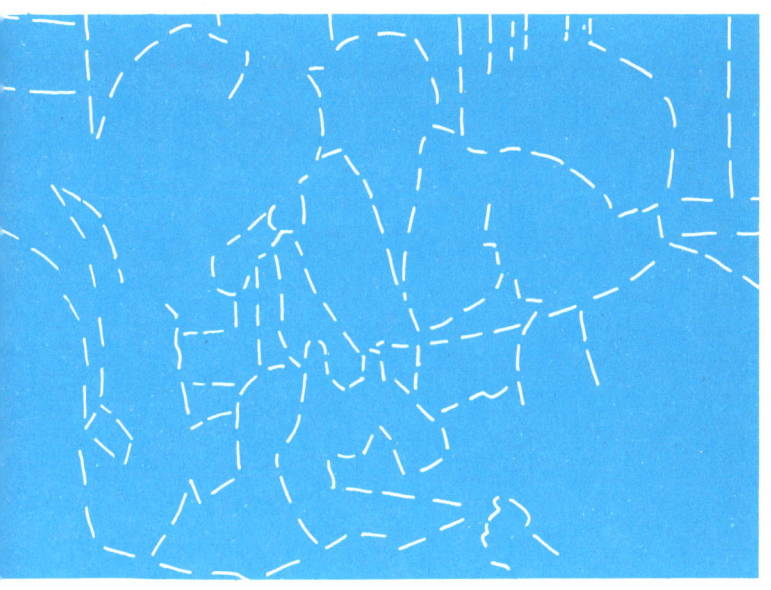

Aufgabe | 2 | |

Welche Fotos passen zu den Umrißskizzen?

Aufgabe | **3** | |

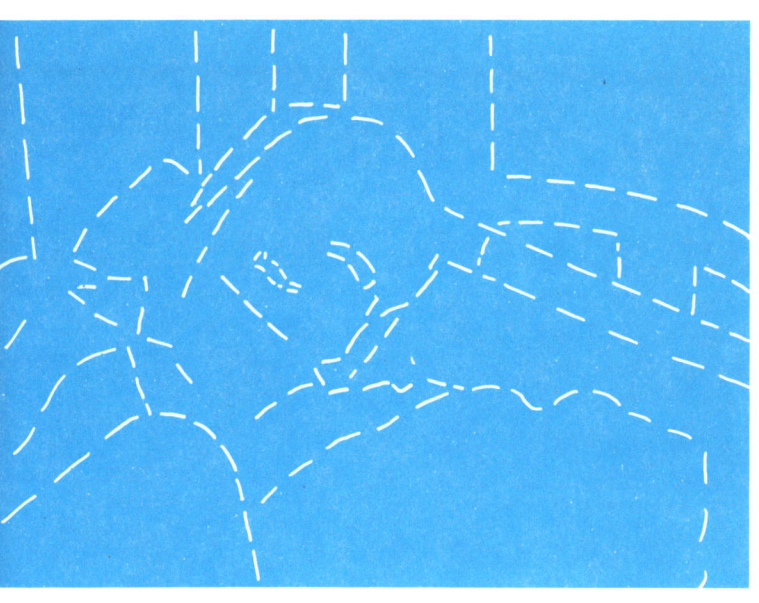

Aufgabe | 4 | |

Bitte umblättern!

Welche Fotos passen zu den Umrißskizzen?

Aufgabe | **5** |

Aufgabe | **6** | |

Bitte umblättern!

Welche Fotos passen zu den Umrißskizzen?

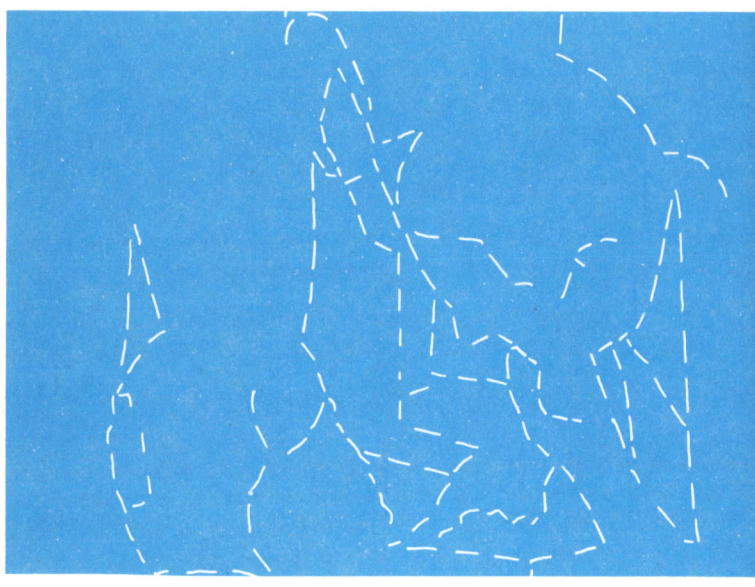

Aufgabe | 7 | |

TEST 1

Aufgabe 8

STOP **IHRE TESTZEIT** [   ] **ENDE TEST 1**

Auf Seite 102 finden Sie Ihre Punktewertung.

Zur Lösung der 4 Aufgaben dieses Tests haben Sie *5 Minuten* Zeit. Halten Sie diese Zeit unbedingt ein.

Bearbeiten Sie die Aufgaben der Reihe nach. Überspringen Sie keine Aufgabe. Die einzelnen Aufgaben haben einen steigenden Schwierigkeitsgrad. Versuchen Sie, in 5 Minuten soviel Aufgaben wie möglich richtig zu lösen.

Das Meßergebnis ist die Zahl der in der vorgegebenen Zeit richtig gelösten Aufgaben.

BEISPIEL DER TESTAUFGABE

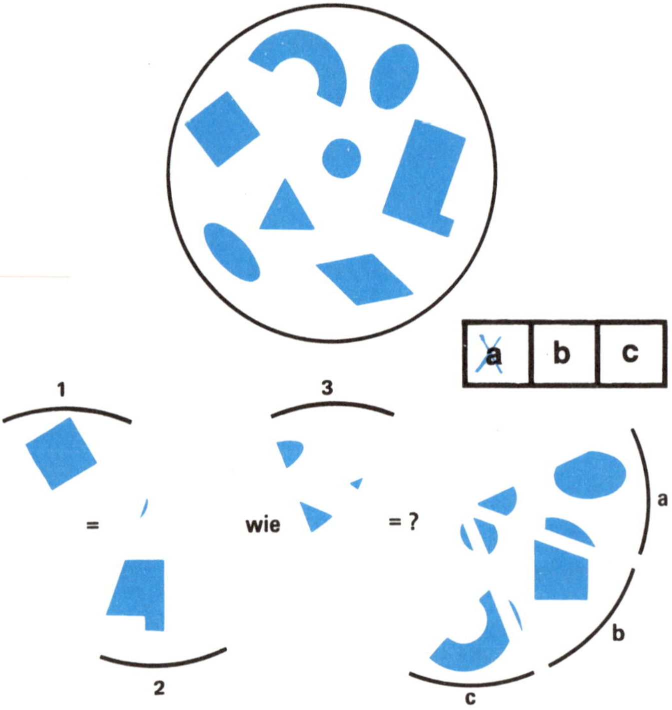

34

TEST 2

Die 6 Kreissektoren 1, 2, 3 und a, b, c sind Teile des obenstehenden Orientierungskreises. Die Figuren in den Kreissektoren sind dabei aber im Vergleich zu denen im Orientierungskreis spiegelbildlich lagevertauscht.

Wenn nun der Kreissektor 2 in ganz charakteristischer Weise dem Kreissektor 1 zugeordnet ist, welcher der Kreissektoren a, b oder c ist dann in analoger Weise dem Kreissektor 3 zuzuordnen?

Der Kreissektor 2 liegt – verglichen mit dem gespiegelten Orientierungskreis – dem Kreissektor 1 genau gegenüber.
Entsprechend muß der Kreissektor a dem Kreissektor 3 zugeordnet werden, weil auch Kreissektor a dem Kreissektor 3 genau gegenüberliegt.
a ist also die gesuchte richtige Lösung und deshalb angekreuzt.

Auf den folgenden Seiten finden Sie die Kreissektoren und Orientierungskreise für die Testaufgaben. Kreuzen Sie den Buchstaben des Kreissektors an, der entsprechend der angegebenen Gleichung zuzuordnen ist.

Bitte nicht umblättern, bevor Ihnen die Aufgabenstellung klargeworden ist!

Schauen Sie auf die Uhr: → **Startzeit** [   ] → **Start** →

35

Aufgabe 1
Welcher Kreissektor muß zugeordnet werden?

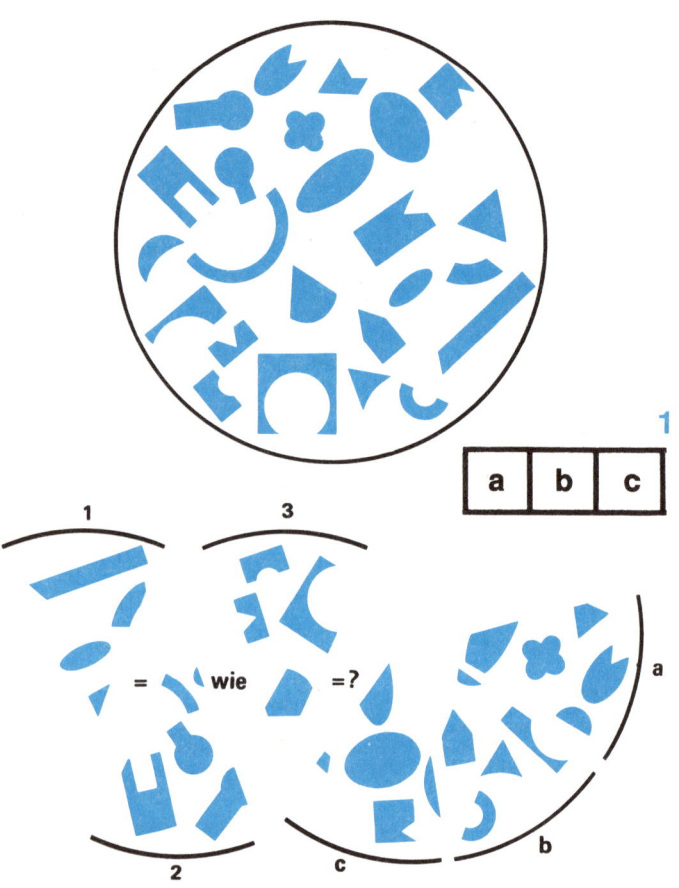

Aufgabe 2
Welcher Kreissektor muß zugeordnet werden?

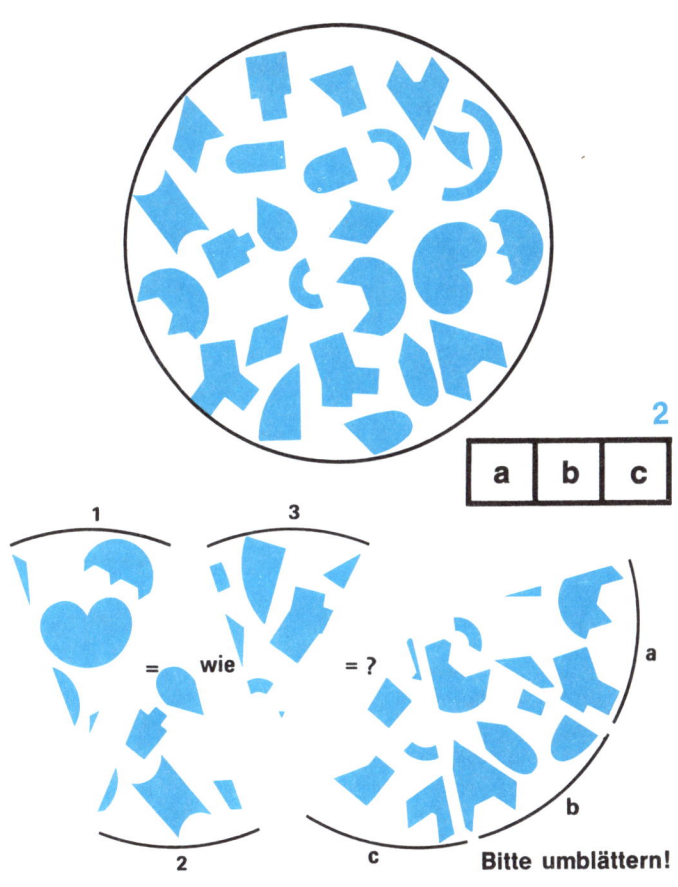

2

a	b	c

1

3

= wie

= ?

a

2

c

b

Bitte umblättern!

37

Aufgabe 3
Welcher Kreissektor muß zugeordnet werden?

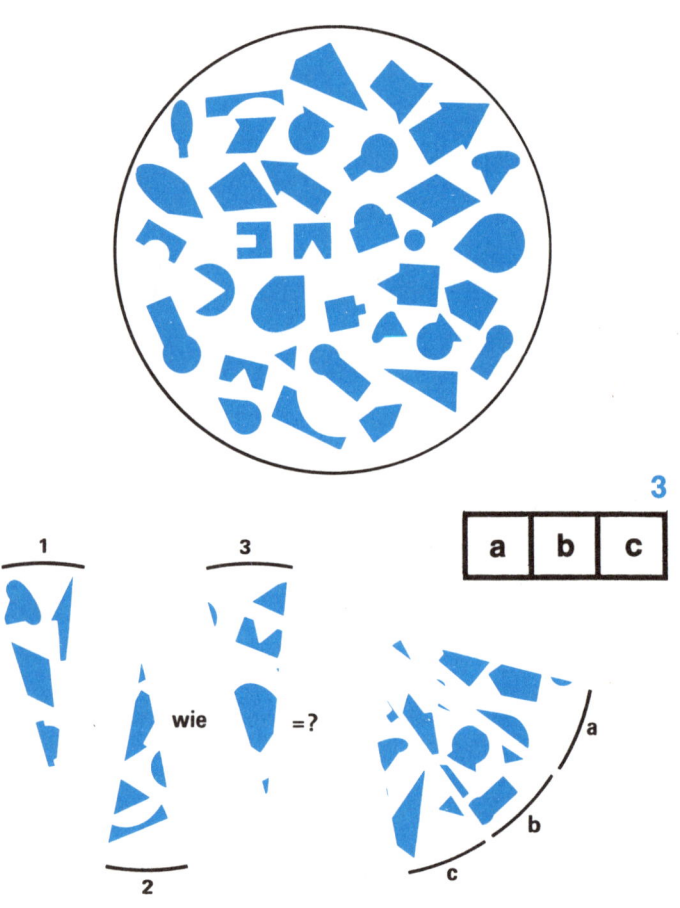

1   3

wie   =?

a
b
c

3

a	b	c

38

Aufgabe 4
Welcher Kreissektor muß zugeordnet werden?

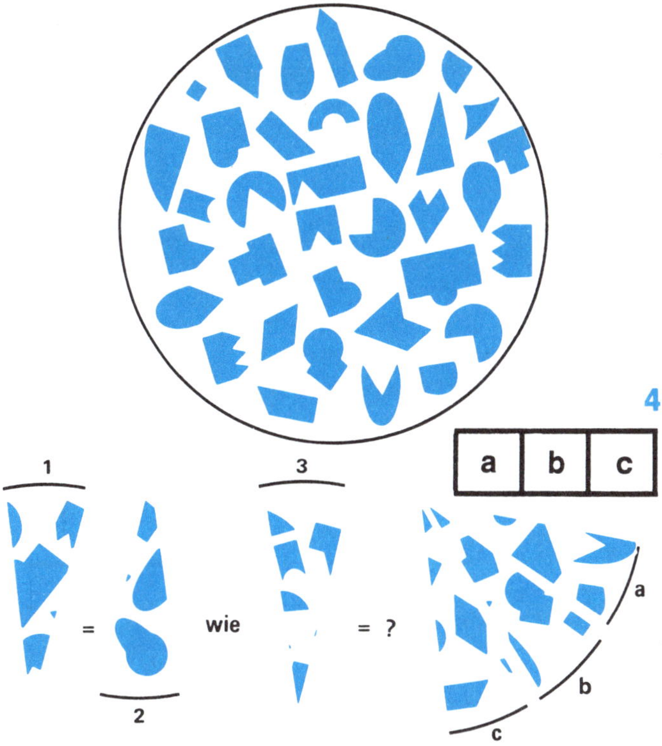

| a | b | c |

4

1 = 2 wie 3 = ?

a
b
c

STOP NACH 5 MINUTEN TESTZEIT   ENDE TEST 2

Auf Seite 104 finden Sie Ihre Punktewertung.

TEST 3

Die 20 Aufgaben dieses Tests haben keinen hohen Schwierigkeitsgrad. Sie können alle Aufgaben lösen – vorausgesetzt Sie prägen sich die Zahlensymbole gut ein.

Das Meßergebnis ist die *Zeit*, die Sie benötigen, um *alle* Aufgaben *richtig* zu lösen.

Die Reihenfolge, in der Sie die Aufgaben bearbeiten, ist dabei nebensächlich. Lösen Sie aber alle Aufgaben richtig. Jede falsche Lösung verringert Ihre Punktezahl!

Arbeiten Sie so schnell wie möglich.

In der Symbolreihe sind unsere Zahlen von 0 bis 9 durch andere Zeichen ersetzt. Es bedeuten:

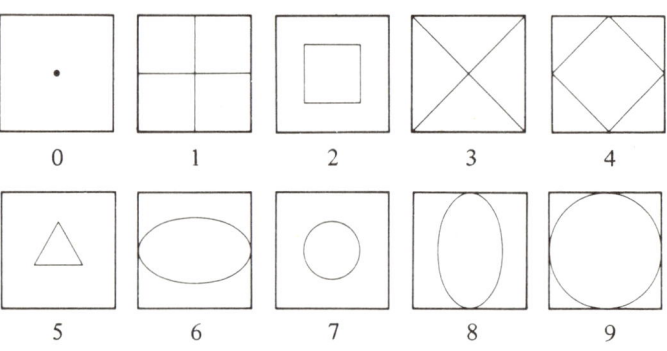

BEISPIEL DER TESTAUFGABE

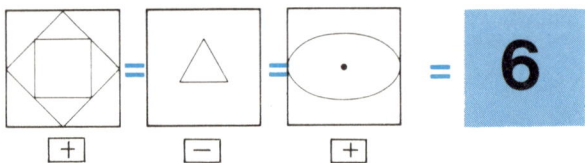

40

Wenn die Zeichen in jedem Quadrat in Zahlen zurücküber-
setzt und diese dann addiert werden, ergibt das die oben auf-
geführte Zahlensymbolgleichung.
Allerdings hat die Reihengleichung einen Fehler. Es sind
nämlich nicht in allen Quadraten die Zahlensymbole so voll-
ständig, daß sie der Forderung „= 6" entsprechen.

In der Beispielaufgabe ist Quadrat 2 fehlerhaft, weil es „6" als
Summe nicht ergibt.

Symbolquadrat 1 hat die Zeichensymbole für 2 und 4, Quadrat
3 die für 0 und 6. In beiden Fällen ergibt das bei Addition „6".
Quadrat 2 hat nur die Zahl 5 in die Symbolsprache übersetzt;
es fehlt das Zahlensymbol für 1.

*Notieren Sie ein + oder − in dem Kästchen, das bei jeder
Symbolaufgabe steht, je nachdem, ob die erforderliche Glei-
chungssumme erreicht oder nicht erreicht wird.*
*Für die Aufgaben schlagen Sie nicht immer wieder die Be-
deutung der einzelnen Zahlensymbole nach. Prägen Sie sich
die Symbole und ihre Bedeutung intensiv ein und arbeiten Sie
dann aus dem Gedächtnis heraus!*

Sie haben genau *2 Minuten* Zeit, um sich die Zahlensymbole
einzuprägen. Halten Sie diese Zeit unbedingt ein!

**Bitte nicht umblättern, bevor Ihnen die Aufgabenstellung
klargeworden ist!**

**Nach 2 Minuten Lernzeit
schauen Sie auf die Uhr: → Startzeit** [ ] **→ Start →**

Aufgaben 1–3
Welche Quadrate sind richtig, welche sind falsch?

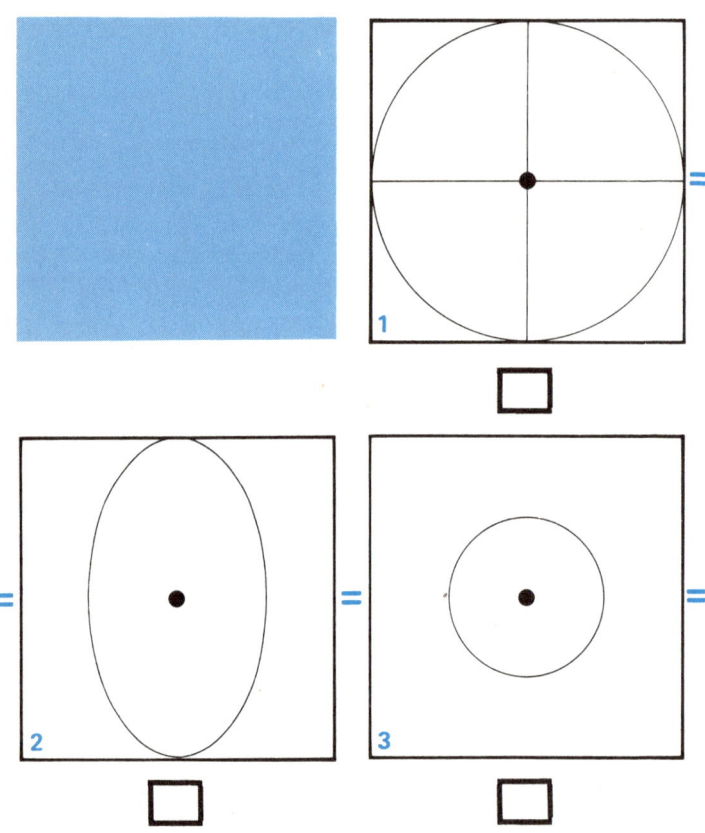

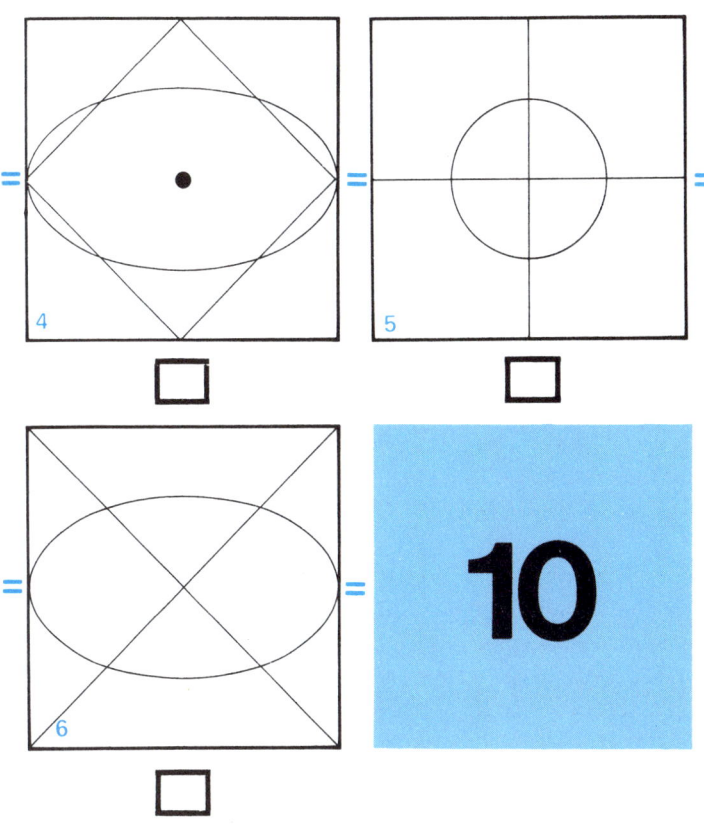

TEST 3

Aufgaben 4–6
Welche Quadrate sind richtig, welche sind falsch?

Bitte umblättern!

43

Aufgaben 7–11
Welche Quadrate sind richtig, welche sind falsch?

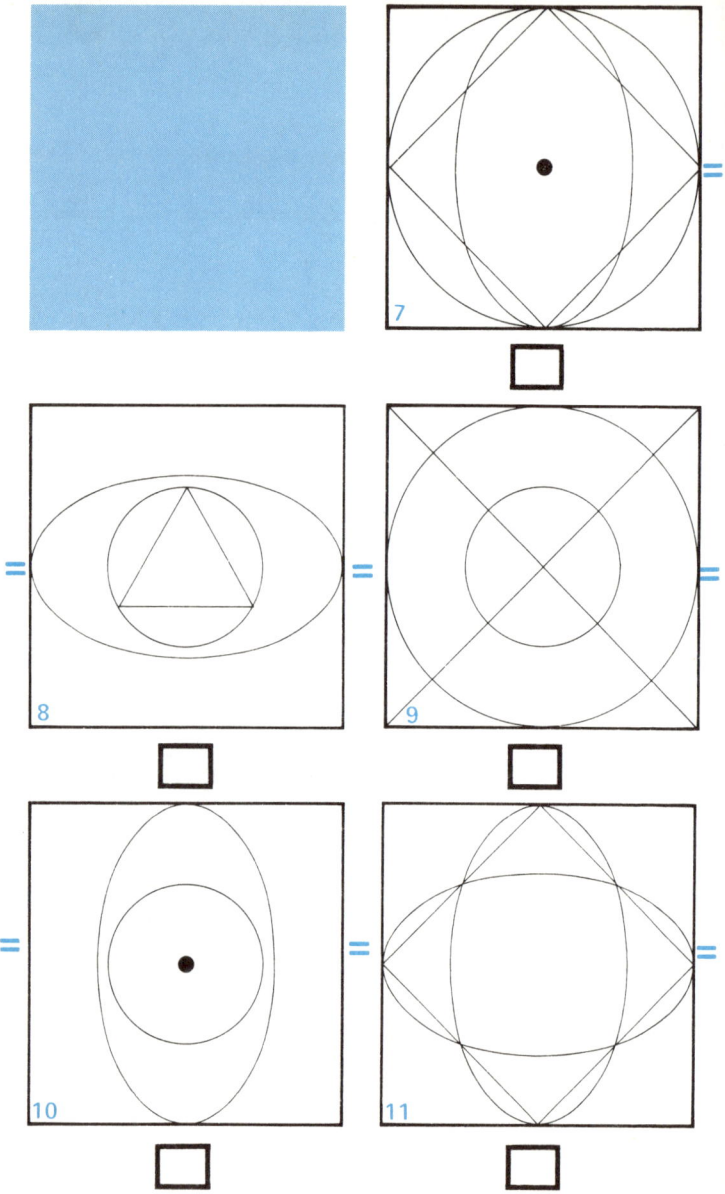

Aufgaben 12–14
Welche Quadrate sind richtig, welche sind falsch?

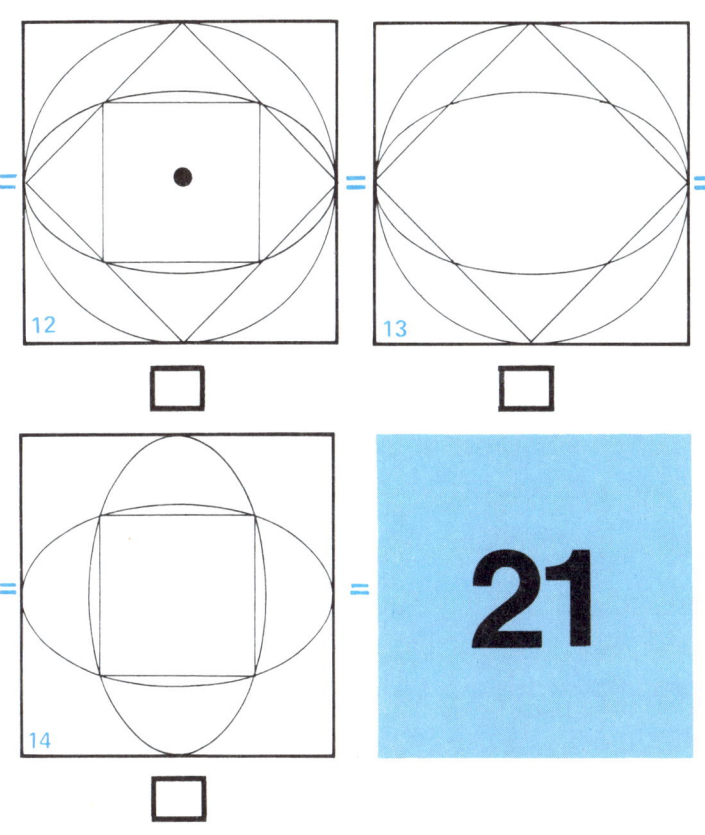

Bitte umblättern!

Aufgaben 15–17
Welche Quadrate sind richtig, welche sind falsch?

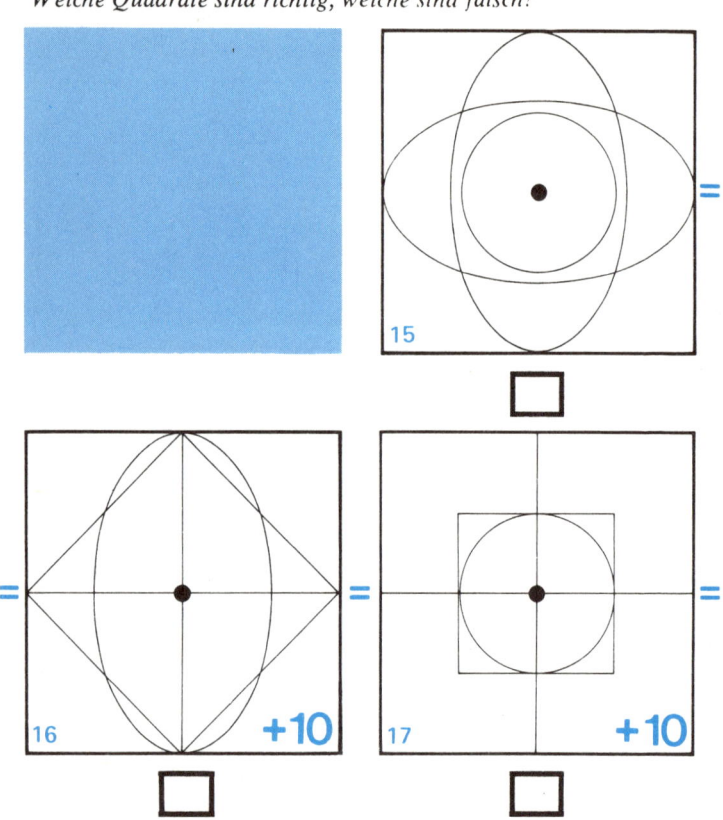

TEST 3

Aufgaben 18–20
Welche Quadrate sind richtig, welche sind falsch?

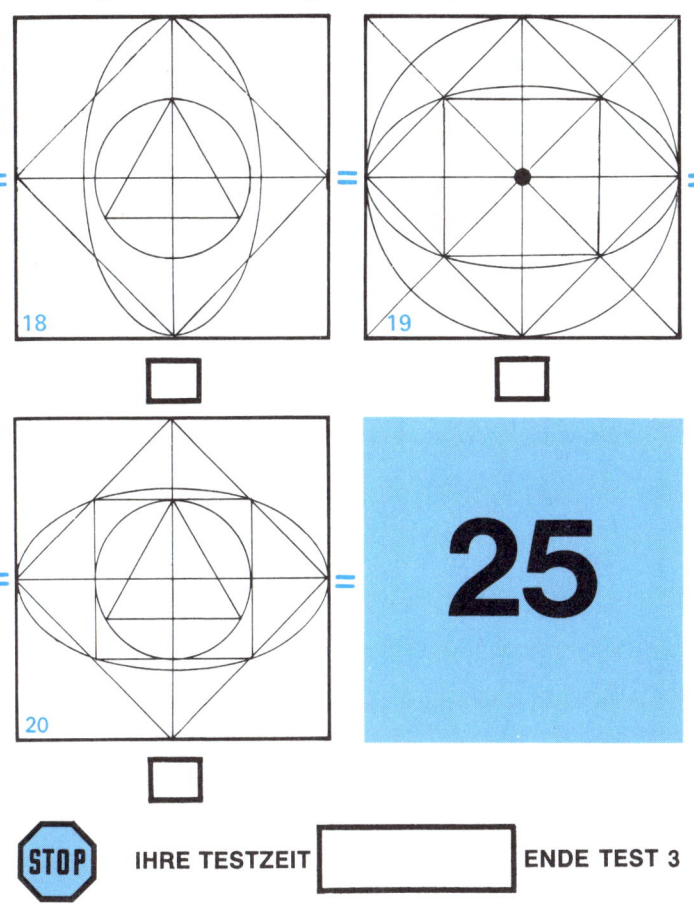

18

19

20

25

STOP **IHRE TESTZEIT** **ENDE TEST 3**

Auf Seite 105 finden Sie Ihre Punktewertung.

47

Zur Lösung der 6 Aufgaben dieses Tests haben Sie *10 Minuten* Zeit. Halten Sie diese Zeit unbedingt ein.

Bearbeiten Sie die Aufgaben der Reihe nach. Überspringen Sie keine Aufgabe. Die einzelnen Aufgaben haben einen steigenden Schwierigkeitsgrad.

Versuchen Sie, in 10 Minuten so viele Aufgaben wie möglich richtig zu lösen.

Das Meßergebnis ist die Zahl der in der vorgegebenen Zeit richtig gelösten Aufgaben.

BEISPIEL DER TESTAUFGABE

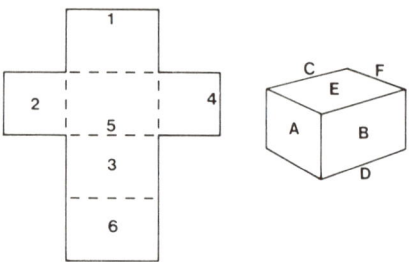

Wenn man die linke Figur ausschneiden und an den gestrichelten Linien zusammenfalten würde, dann ergäbe das einen Raumkörper. Hier ergibt das – wie in der rechten Figur dargestellt – einen Quader. Die Zahlen des Faltmusters und die Buchstaben des Raumkörpers entsprechen sich, wie sich die Flächen und Kanten von Faltmuster und Raumkörper entsprechen. Eine Fläche ist gemeint, wenn Zahl oder Buchstabe in ihrer Mitte steht, eine Kante, wenn Zahl oder Buchstabe kantennah stehen.

48

Wie nun gehören die Buchstaben und Zahlen zusammen?

```
1  A  B  ⊠  D  E  F          4  A  B  C  D  E  ⊠
2  ⊠  B  C  D  E  F          5  A  B  C  ⊠  E  F
3  A  ⊠  C  D  E  F          6  A  B  C  D  ⊠  F
```

Die Zahl 1 kennzeichnet die gleiche Kante wie der Buchstabe C.
Entsprechend markieren die Faltmusterflächen 2, 3 und 6 die
Quaderflächen A, B und E, die Faltmusterkanten 4 und 5 die
Quaderkanten F und D. Das sind die gesuchten richtigen Buch-
staben und deshalb angekreuzt.

*Auf den folgenden Seiten finden Sie die Faltmuster und
Raumkörper für die Testaufgaben. Kreuzen Sie jeweils den
Buchstaben zu jeder Zahl an, wie er sich aufgrund der richtigen Zuordnung von Faltmuster und Raumkörper ergibt. Bitte beachten Sie, daß eine Aufgabe nur dann als gelöst gilt,
wenn* alle *Buchstaben richtig den Zahlen zugeordnet sind!*

**Bitte nicht umblättern, bevor Ihnen die Aufgabenstellung
klargeworden ist!**

Schauen Sie auf die Uhr: → **Startzeit** [   ] → **Start** →

Aufgaben 1–2

Welche der mit Buchstaben markierten Flächen und Kanten des Raumkörpers rechts entspricht den mit Zahlen entsprechend gekennzeichneten Flächen und Kanten des Faltmusters links?

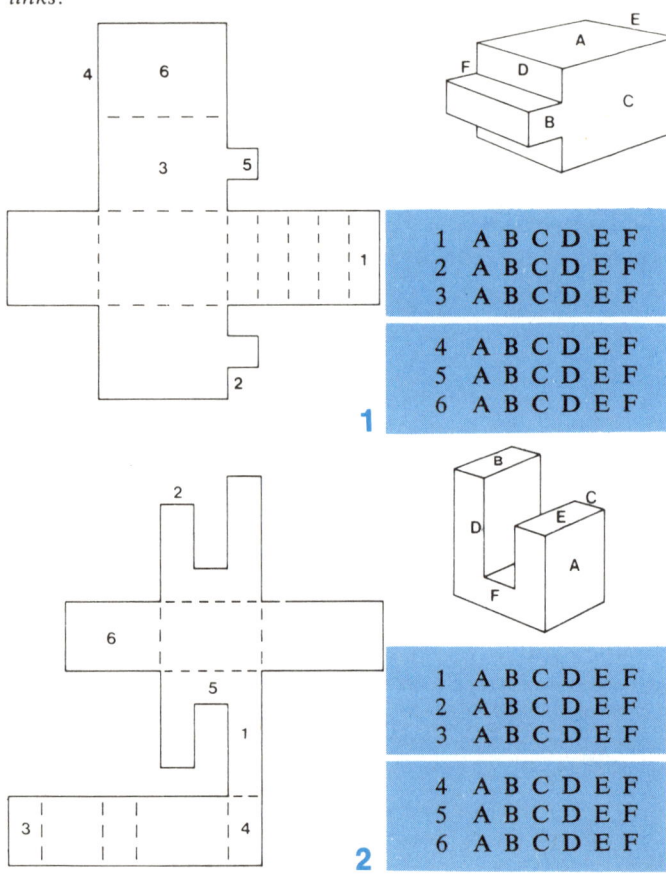

1	A B C D E F
2	A B C D E F
3	A B C D E F

4	A B C D E F
5	A B C D E F
6	A B C D E F

1	A B C D E F
2	A B C D E F
3	A B C D E F

4	A B C D E F
5	A B C D E F
6	A B C D E F

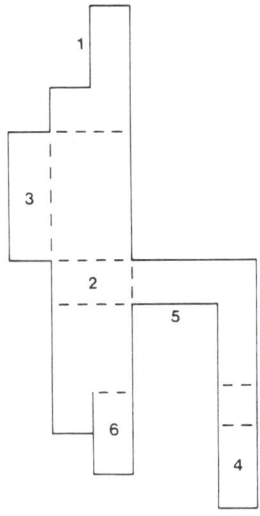

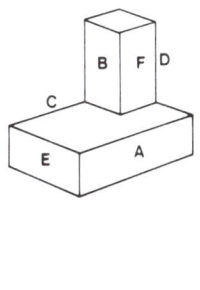

TEST 4

Aufgabe 3

Welche der mit Buchstaben markierten Flächen und Kanten des Raumkörpers rechts entspricht den mit Zahlen entsprechend gekennzeichneten Flächen und Kanten des Faltmusters links?

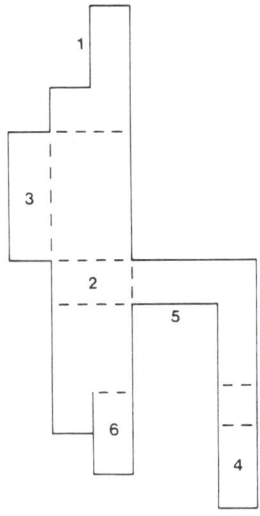

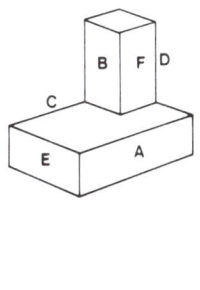

3

1 A B C D E F	4 A B C D E F
2 A B C D E F	5 A B C D E F
3 A B C D E F	6 A B C D E F

Bitte umblättern!

51

Aufgabe 4

Welche der mit Buchstaben markierten Flächen und Kanten des Raumkörpers rechts entspricht den mit Zahlen entsprechend gekennzeichneten Flächen und Kanten des Faltmusters links?

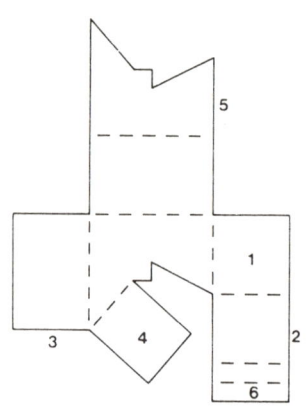

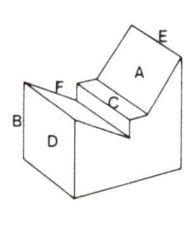

4

1 A B C D E F		4 A B C D E F
2 A B C D E F		5 A B C D E F
3 A B C D E F		6 A B C D E F

Aufgabe 5

Welche der mit Buchstaben markierten Flächen und Kanten des Raumkörpers rechts entspricht den mit Zahlen entsprechend gekennzeichneten Flächen und Kanten des Faltmusters links?

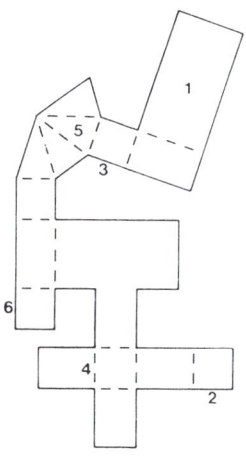

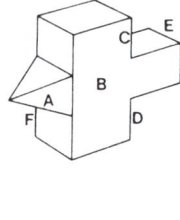

5

1	A	B	C	D	E	F
2	A	B	C	D	E	F
3	A	B	C	D	E	F

4	A	B	C	D	E	F
5	A	B	C	D	E	F
6	A	B	C	D	E	F

Bitte umblättern!

Aufgabe 6

Welche der mit Buchstaben markierten Flächen und Kanten des Raumkörpers rechts entspricht den mit Zahlen entsprechend gekennzeichneten Flächen und Kanten des Faltmusters links?

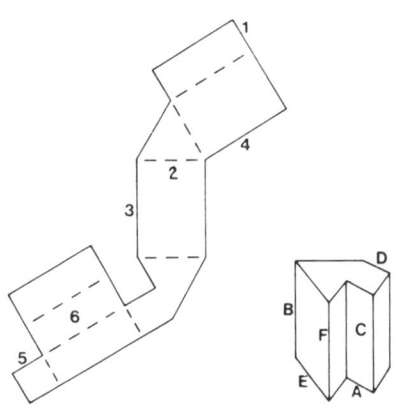

6

1 A B C D E F	4 A B C D E F
2 A B C D E F	5 A B C D E F
3 A B C D E F	6 A B C D E F

NACH 10 MINUTEN TESTZEIT   **ENDE TEST 4**

Auf Seite 107 finden Sie Ihre Punktewertung.

TEST 5

Zur Lösung der 7 Aufgaben dieses Tests haben Sie *7 Minuten* Zeit. Halten Sie diese Zeit unbedingt ein.

Bearbeiten Sie die Aufgaben der Reihe nach. Überspringen Sie keine Aufgabe. Die einzelnen Aufgaben haben einen steigenden Schwierigkeitsgrad. Versuchen Sie, in 7 Minuten so viele Aufgaben wie möglich richtig zu lösen.

Das Meßergebnis ist die Zahl der in der vorgegebenen Zeit richtig gelösten Aufgaben.

BEISPIEL DER TESTAUFGABE

5 7 9 11 13 15 17 ?

Die einzelnen Zahlen der Reihe verändern sich von links nach rechts nach einer bestimmten Gesetzmäßigkeit. Entsprechend dieser Gesetzmäßigkeit kann die Zahlenreihe nach rechts fortgesetzt werden.

Welche Zahl müßte hier auf die Zahl 17 folgen, wenn dabei die vorgegebene Gesetzmäßigkeit erhalten bleiben soll?

Die einzelnen Zahlen der Reihe verändern sich fortlaufend von links nach rechts durch Addition der Zahl 2. 5 + 2 ergibt 7, 7 + 2 ergibt 9 usw. 17 + 2 ergibt 19. Anstelle des Fragezeichens muß 19 als die richtige gesuchte Zahl stehen.

Auf der nächsten Seite finden Sie die Zahlenreihe der Testaufgabe. Schreiben Sie neben das Fragezeichen die Zahl, mit der die Zahlenreihe stimmig fortgesetzt werden kann.

Bitte nicht umblättern, bevor Ihnen die Aufgabenstellung klargeworden ist!

Schauen Sie auf die Uhr: → Startzeit [ ] **→ Start →**

55

TEST 5

Aufgaben 1–7
*Welche Zahl muß jedesmal anstelle des Fragezeichens stehen,
wenn die Zahlenreihen stimmig fortgesetzt werden sollen?*

1	4 11 17 22 26 29 31 ?
2	67 64 59 52 43 32 19 ?
3	2 5 10 14 28 33 66 ?
4	18 13 8 18 38 33 28 ?
5	1 5 5 9 13 26 30 ?
6	324 54 63 21 27 3 6 ?
7	375 375 374 374 363 33 22 ?

NACH 7 MINUTEN TESTZEIT   **ENDE TEST 5**

Auf Seite 108 finden Sie Ihre Punktewertung.

Die 8 Aufgaben dieses Tests haben keinen hohen Schwierigkeitsgrad. Sie können alle Aufgaben lösen.
Das Meßergebnis ist die *Zeit*, die Sie benötigen, um *alle* Aufgaben *richtig* zu lösen. Die Reihenfolge, in der Sie die Aufgaben bearbeiten, ist dabei nebensächlich. Lösen Sie aber alle Aufgaben richtig. Jede falsche Lösung verringert Ihre Punktezahl!

Arbeiten Sie so schnell wie möglich.

BEISPIELE DER TESTAUFGABE

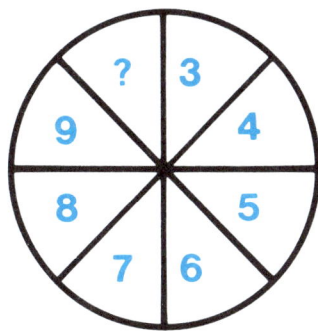

Die Zahlen in den Kreissektoren deuten eine ganz bestimmte gesetzmäßige Reihe an. Aufgrund dieser Gesetzmäßigkeit kann man die Zahlenreihe in den Kreissektoren weiterführen.

Welche Zahl muß anstelle des Fragezeichens stehen, wenn die Zahlenreihe entsprechend ihrer Gesetzmäßigkeit richtig fortgesetzt werden soll?

10   13   14   15

Die Zahlen in den Kreissektoren nehmen im Uhrzeigersinn jedesmal von Sektor zu Sektor um eins zu. Anstelle des Fragezeichens muß hier also folgerichtig die Zahl 10 stehen.

Die Zahl 10 ist die gesuchte richtige Lösung und deshalb angekreuzt.

Die Zahlen in dem Netzquadrat sind nach einer ganz bestimmten Gesetzmäßigkeit angeordnet. Aus den wenigen vorgegebenen Zahlen kann man diese Gesetzmäßigkeit rekonstruieren!

1	2	3		5
1			4	
1	2		4	
1		?		5
1	2			

Welche Zahl muß anstelle des Fragezeichens stehen?

1 2 3 4

Wenn man die Spalten- und Zeileneinteilung des Netzquadrates berücksichtigt, dann stehen in der ersten Spalte nur Einser, in der zweiten Spalte nur Zweier, in der dritten Spalte nur Dreier usw.

Da das Fragezeichen in der dritten Spalte steht, muß anstelle des Fragezeichens die Zahl 3 stehen!

Die Zahl ist also die richtige Lösung und deshalb angekreuzt.

Auf den folgenden Seiten finden Sie die Testaufgaben, bei denen jeweils vier mögliche vorgegebene Lösungen stehen. Nur eine Zahl davon ist aber richtig. Kreuzen Sie die Zahl an, die im Sinne der Aufgabenstellung anstelle des Fragezeichens stehen kann.

Bitte nicht umblättern, bevor Ihnen die Aufgabenstellung klargeworden ist!

Schauen Sie auf die Uhr: → Startzeit [ ] **→ Start →**

TEST 6

Aufgaben 1–4
Welche der vorgegebenen Zahlen muß anstelle des Fragezeichens stehen?

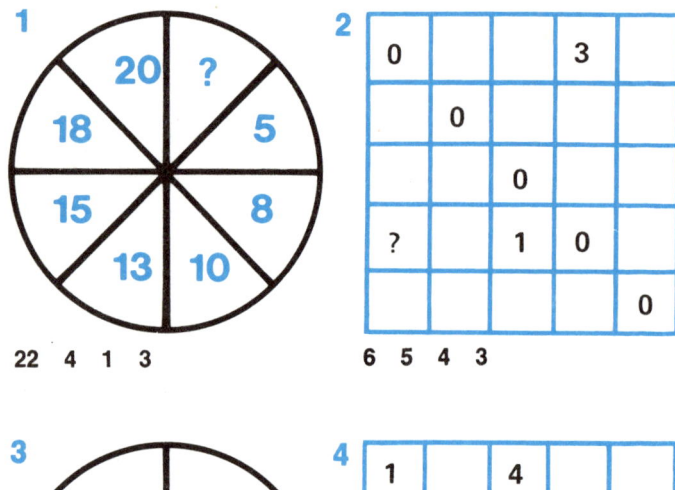

1

20 ?
18   5
15   8
13 10

22 4 1 3

2

0			3	
	0			
		0		
?		1	0	
				0

6 5 4 3

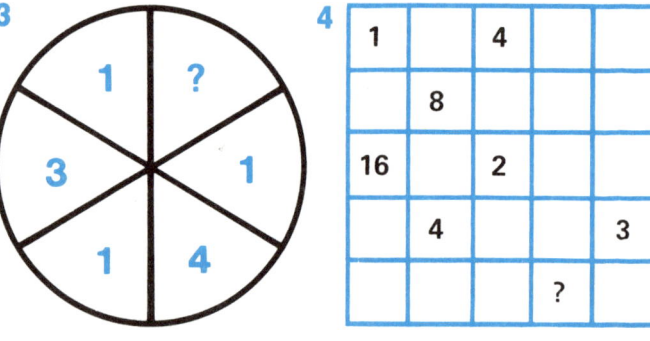

3

1 ?
3   1
1 4

5 7 4 3

4

1		4		
	8			
16		2		
	4			3
			?	

3 5 6 7

60

Aufgaben 5–8
Welche der vorgegebenen Zahlen muß anstelle des Fragezeichens stehen?

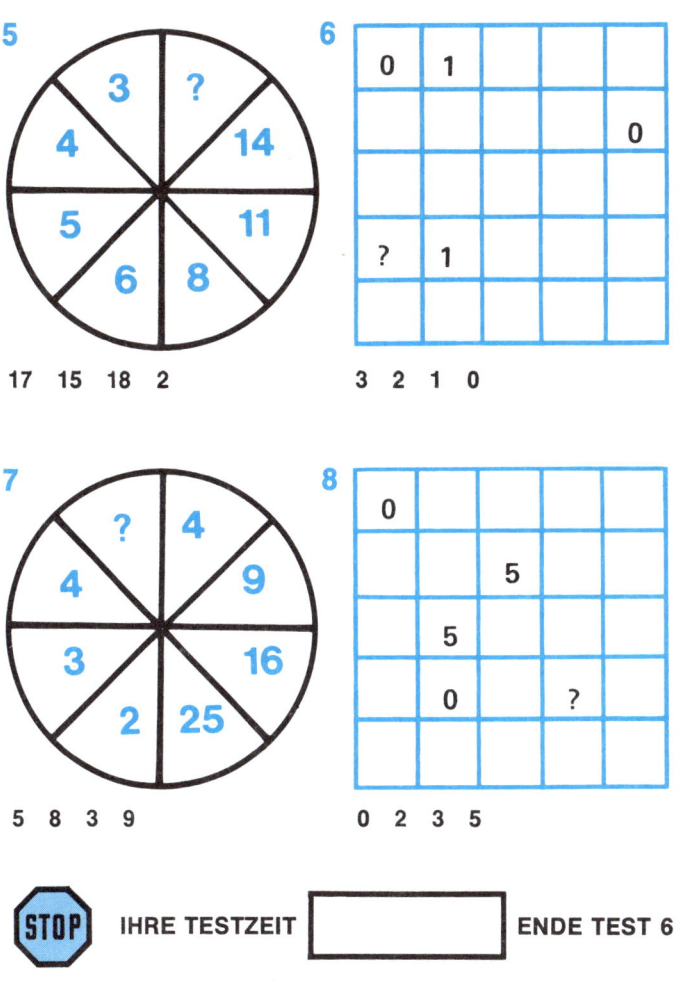

5

3 ?
4   14
5   11
6 8

17 15 18 2

6

0	1			
				0
?	1			

3 2 1 0

7

? 4
4   9
3   16
2 25

5 8 3 9

8

0				
		5		
	5			
	0		?	

0 2 3 5

STOP **IHRE TESTZEIT** [   ] **ENDE TEST 6**

Auf Seite 109 finden Sie Ihre Punktewertung.

Zur Lösung der 8 Aufgaben dieses Tests haben Sie *3 Minuten* Zeit. Halten Sie diese Zeit unbedingt ein.

Bearbeiten Sie die Aufgaben der Reihe nach. Überspringen Sie keine Aufgabe. Die einzelnen Aufgaben haben einen steigenden Schwierigkeitsgrad.

Versuchen Sie, in 3 Minuten so viele Aufgaben wie möglich richtig zu lösen.

Das Meßergebnis ist die Zahl der in der vorgegebenen Zeit richtig gelösten Aufgaben.

BEISPIEL DER TESTAUFGABE

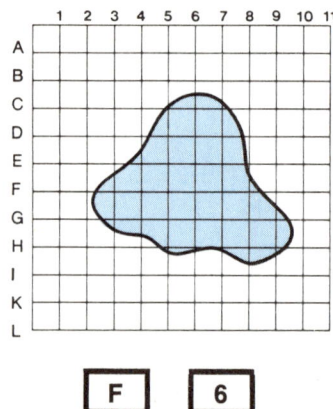

| **F** | | **6** |

Der Schwerpunkt der abgebildeten Fläche liegt genau in einem Schnittpunkt des Liniennetzes. Angenommen man würde die abgebildete Fläche ausschneiden und auf einer Bleistiftspitze ausbalancieren, dann würde die Fläche im labilen

Gleichgewicht sein, wenn der Schwerpunkt auf der Bleistift-spitze ruht. Die ausgeschnittene Fläche würde also nicht von der Bleistiftspitze herunterfallen.

In welchem Schnittpunkt des Liniennetzes liegt der Schwer-punkt?

Der Schwerpunkt der abgebildeten Fläche liegt genau im Schnittpunkt F-6 des Liniennetzes (horizontale Linie F und vertikale Linie 6).

Auf den folgenden Seiten die Liniennetze der Testaufgaben. Schreiben Sie in die beiden Kästchen, die bei jeder Aufgabe stehen, links den Buchstaben und rechts die Nummer der Li-nien, in deren Schnittpunkt der zu suchende Schwerpunkt liegt.

Bitte nicht umblättern, bevor Ihnen die Aufgabenstellung klargeworden ist!

Schauen Sie auf die Uhr: → **Startzeit** [　　　] → **Start** →

Aufgaben 1–8
In welchem Schnittpunkt des Liniennetzes liegt der Schwerpunkt?

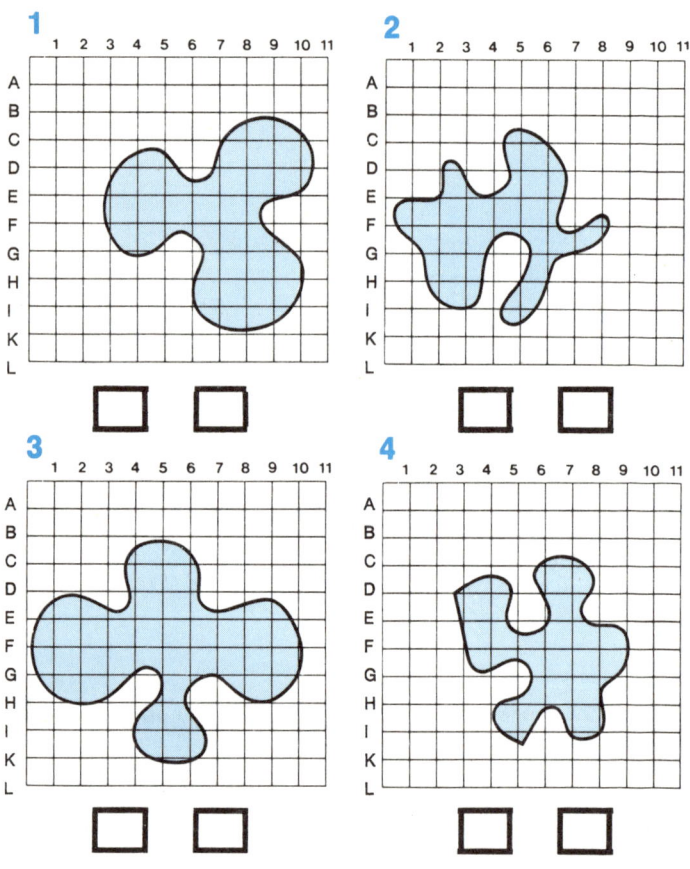

64

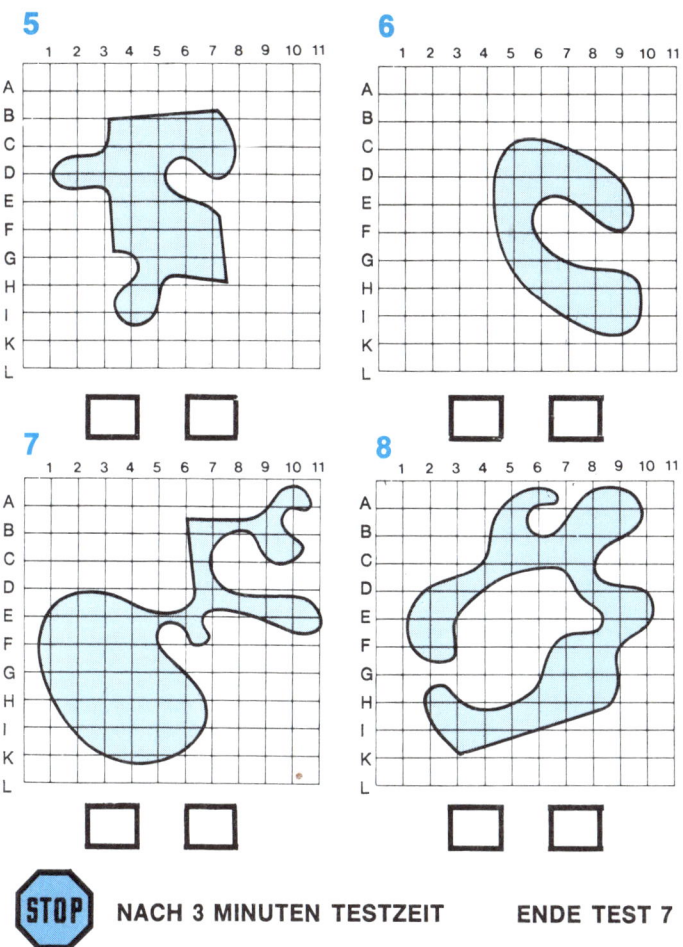

5

6

7

8

Die 8 Aufgaben dieses Tests haben keinen hohen Schwierigkeitsgrad. Sie können alle Aufgaben lösen.

Das Meßergebnis ist die *Zeit*, die Sie benötigen, um *alle* Aufgaben *richtig* zu lösen. Die Reihenfolge, in der Sie die Aufgaben bearbeiten, ist dabei nebensächlich. Lösen Sie aber alle
Aufgaben richtig. Jede falsche Lösung verringert Ihre Punktezahl!

Arbeiten Sie so schnell wie möglich.

BEISPIEL DER TESTAUFGABE

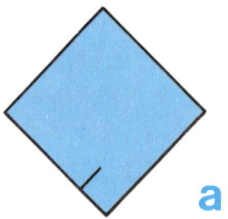

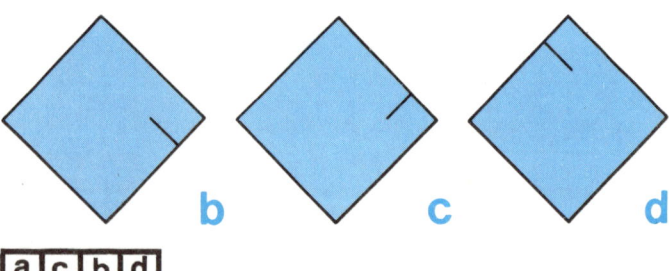

Die Symbole der Figuren a, b, c und d verändern sich im
Vergleich zueinander nach bestimmten Merkmalen. Die vier

Figuren sind sich nach Art und Zahl dieser Merkmale verschieden stark ähnlich.

Entsprechend dem Grad der Ähnlichkeit lassen sich die Symbole a, b, c und d in eine sinnvolle Reihenfolge bringen. Ausgangspunkt ist immer Symbol a!

Welches Symbol, b, c oder d, folgt auf a?

Man kann hier von Richtung und Lage der Striche ausgehen. Symbol c hat wie a die gleiche Richtung, wenn auch eine andere Lage. Die Symbole b und d haben weder gleiche Richtung noch gleiche Lage. Symbol c ist Symbol a deshalb noch am ähnlichsten und ihm sinnvollerweise anzureihen.

Welches Symbol, b oder d, folgt nun auf c?

Die Striche von b und d haben im Vergleich zu c eine andere Richtung. Der Strich von b liegt aber im gleichen Quadranten wie der von c.

·Symbol b ist deshalb Symbol c ähnlicher als d und ihm sinnvollerweise anzureihen.

Die gesuchte und richtige sinnvolle Reihenfolge der Symbolfiguren a, b, c und d ist also

a c b d !

Auf den folgenden Seiten finden Sie die Testaufgaben. Bei jeder Aufgabe stehen Kästchen. Schreiben Sie dort die Buchstaben hinein, so wie sie der herausgefundenen Symbolreihe entsprechen. Symbolzeichen a ist immer der Ausgangspunkt der Reihe.

Bitte nicht umblättern, bevor Ihnen die Aufgabenstellung klargeworden ist!

Schauen Sie auf die Uhr: → Startzeit [   ] **→ Start →**

TEST 8

Aufgaben 1–2
Wie ist die sinnvolle Reihenfolge?

1

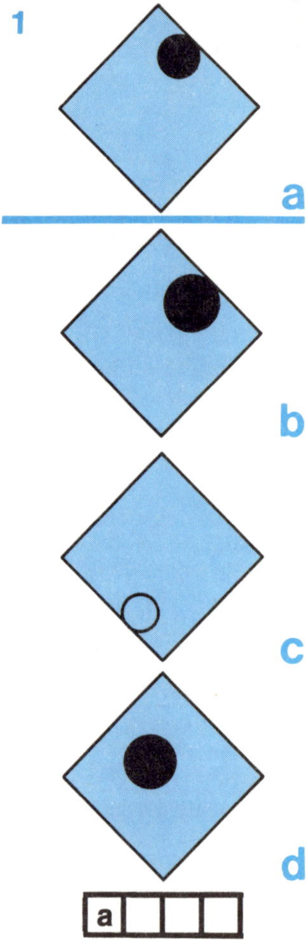

a

b

c

d

| a | | | |

2

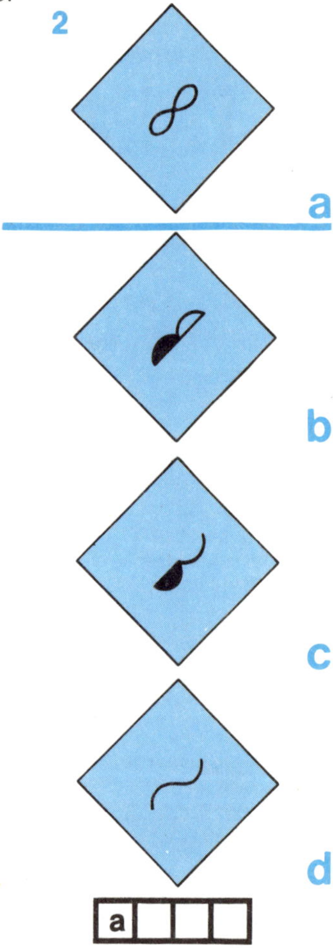

a

b

c

d

| a | | | |

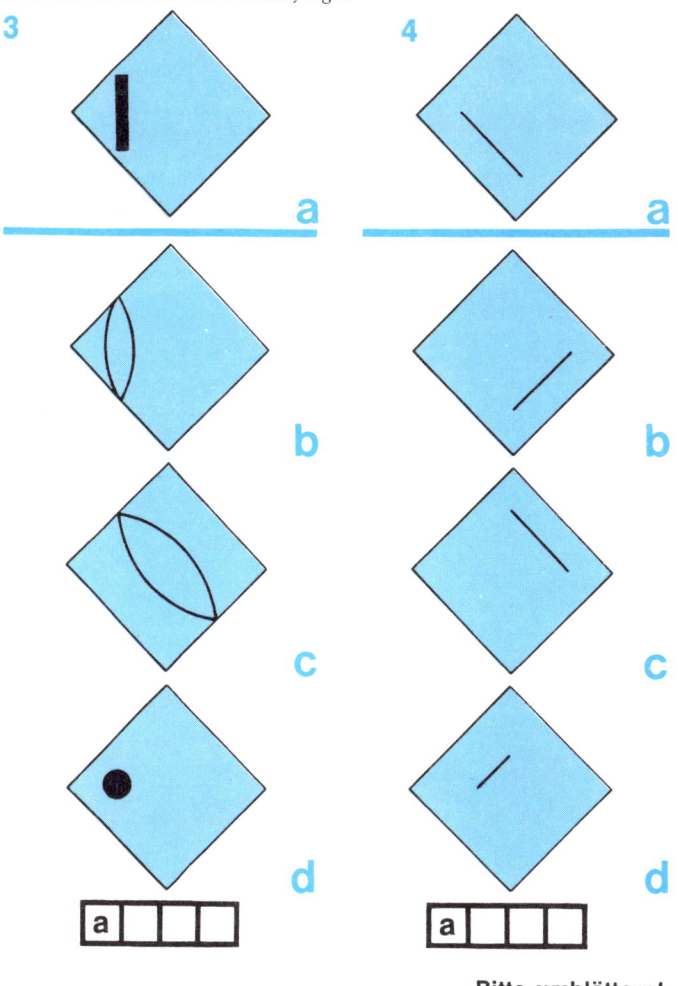

TEST 8

Aufgaben 3–4
Wie ist die sinnvolle Reihenfolge?

3

a

b

c

d

a			

4

a

b

c

d

a			

Bitte umblättern!

Aufgaben 5–6
Wie ist die sinnvolle Reihenfolge?

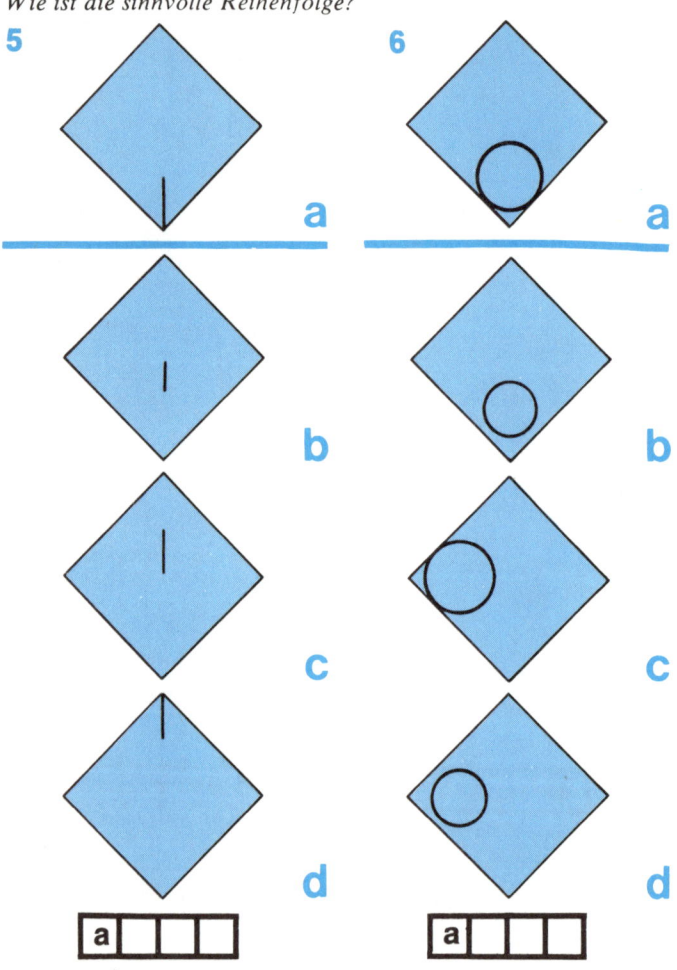

5

a

b

c

d

a			

6

a

b

c

d

a			

Aufgaben 7–8
Wie ist die sinnvolle Reihenfolge?

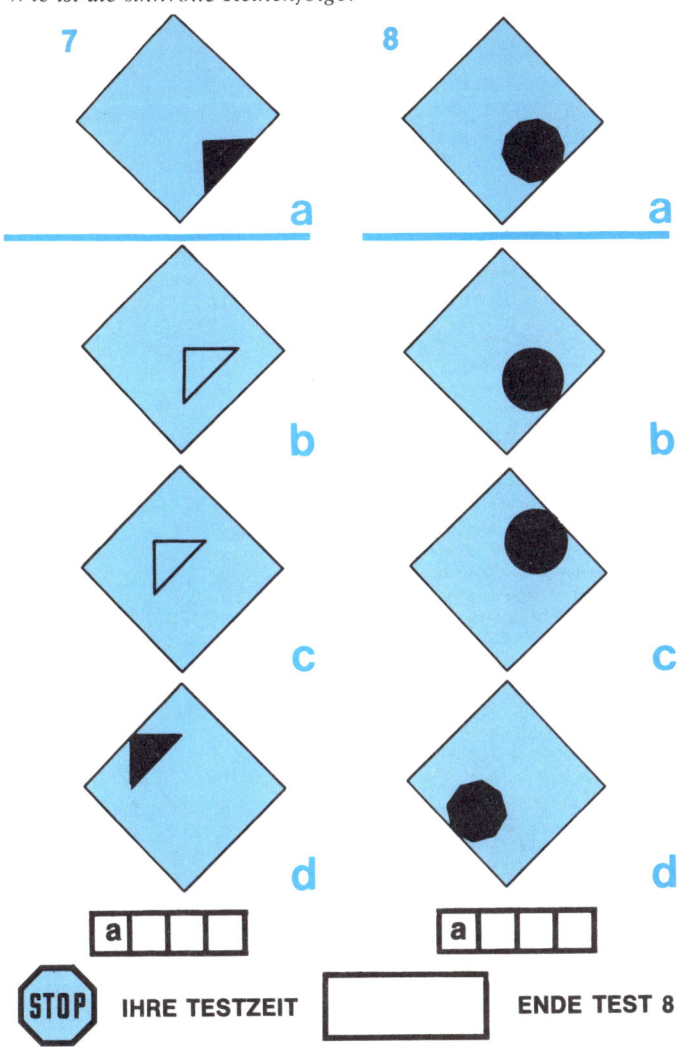

IHRE TESTZEIT

ENDE TEST 8

Auf Seite 113 finden Sie Ihre Punktewertung.

TEST 9

Zur Lösung der 6 Aufgaben haben Sie *6 Minuten* Zeit. Halten Sie diese Zeit unbedingt ein.

Bearbeiten Sie die Aufgaben der Reihe nach. Überspringen Sie keine Aufgabe. Die einzelnen Aufgaben haben einen steigenden Schwierigkeitsgrad.

Versuchen Sie, in 6 Minuten so viele Aufgaben wie möglich richtig zu lösen.

Das Meßergebnis ist die Zahl der in der vorgegebenen Zeit richtig gelösten Aufgaben.

BEISPIEL DER TESTAUFGABE

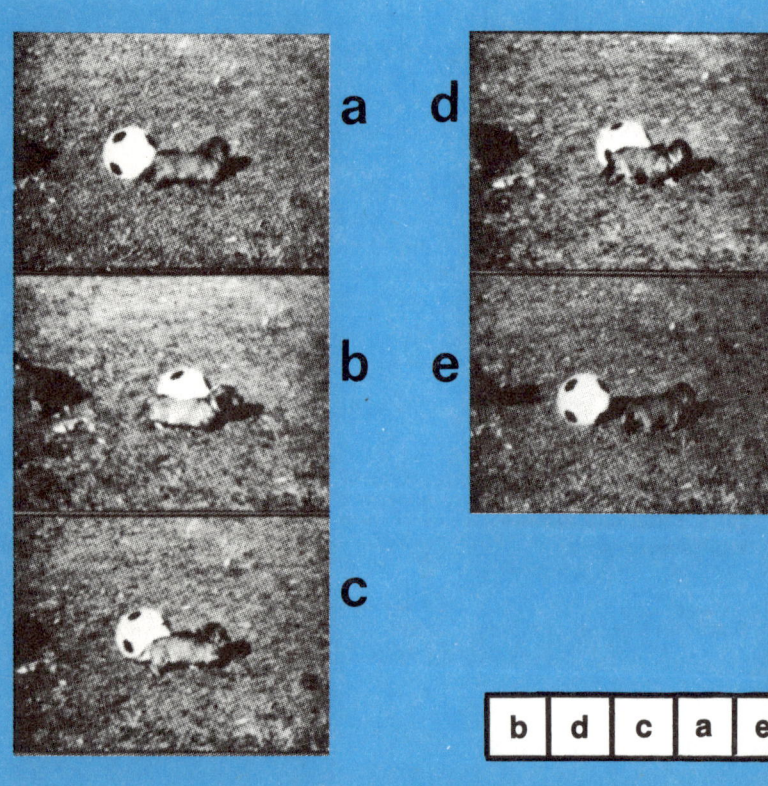

Die fünf Fotos schildern den kontinuierlichen Ablauf eines Geschehens. Die Reihenfolge der Bilder a bis e entspricht aber nicht dem tatsächlichen zeitlichen und handlungsmäßigen Ablauf. Die Bilderreihenfolge ist durcheinandergeraten.

Wie müssen die Fotos geordnet sein, damit sie die gefilmte Handlung phasenrichtig darstellen?

Im Spiel entfernt sich offensichtlich der Ball immer mehr vom Hund. Die Fotoreihe a bis e kann man entsprechend dem zunehmenden Abstand in die phasenrichtige Bilderfolge bringen. Die richtige Bilderfolge ist b d c a e

Auf den nächsten Seiten finden Sie die Bilderfolgen. Bei jeder Aufgabe stehen Kästchen. Schreiben Sie dort die Buchstaben hinein, so wie sie der geordneten Bildfolge entsprechen. Beachten Sie, daß jedes der 5 Fotos Anfangsbild der Reihenfolge sein kann. Eine Aufgabe gilt nur dann als richtig gelöst, wenn Sie alle 5 Bilder richtig geordnet haben.

Bitte nicht umblättern, bevor Ihnen die Aufgabenstellung klargeworden ist!

Schauen Sie auf die Uhr: → Startzeit ⬚ **→ Start →**

Aufgabe 1
Wie ist die richtige Reihenfolge der Bilder?

 a d

 b e

 c

74

Aufgabe 2
Wie ist die richtige Reihenfolge der Bilder?

2

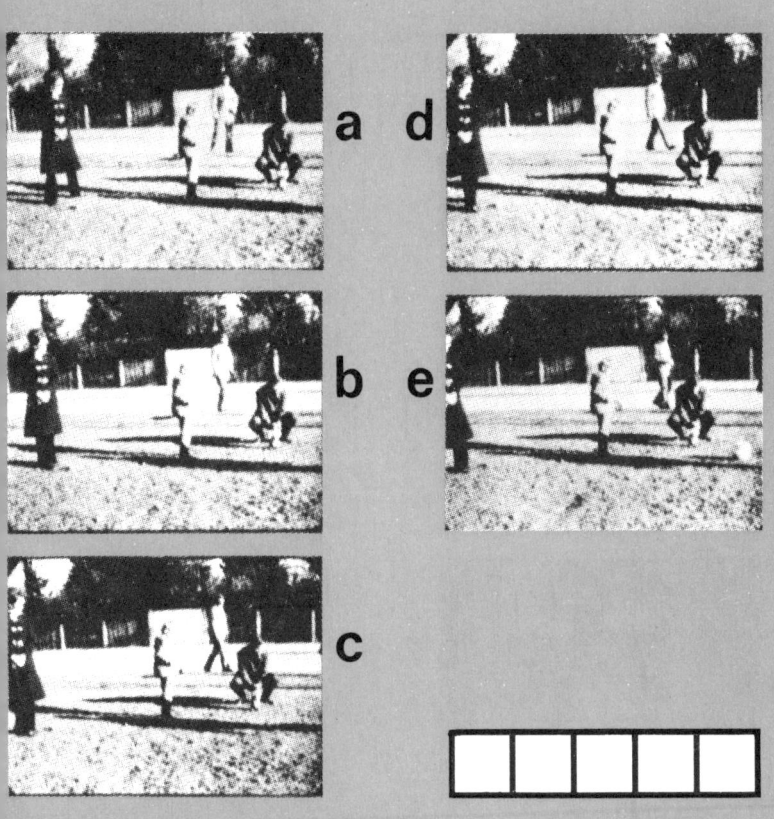

Bitte umblättern!

TEST 9

Aufgabe 3
Wie ist die richtige Reihenfolge der Bilder?

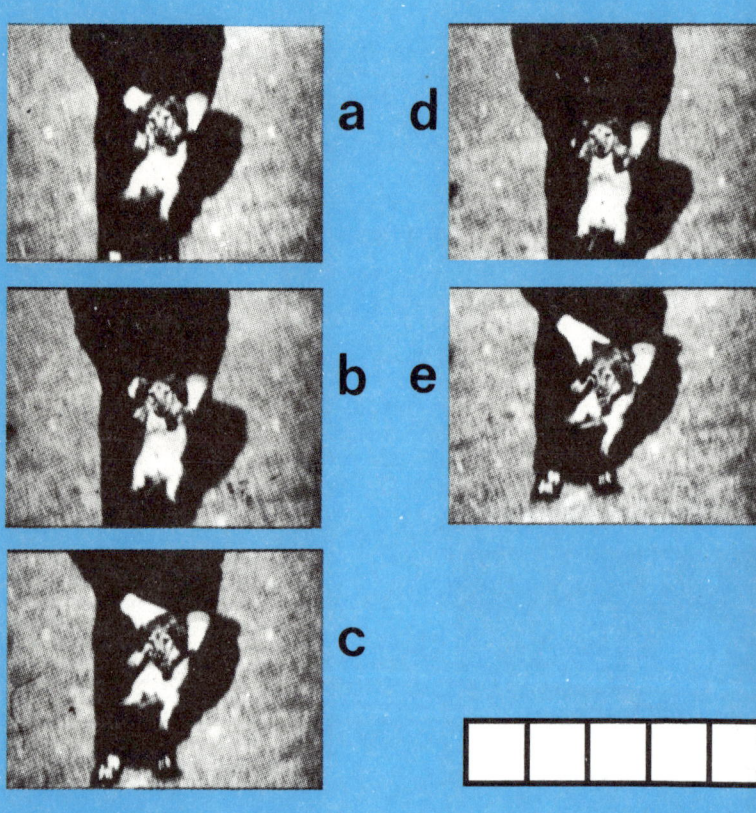

Aufgabe 4
Wie ist die richtige Reihenfolge der Bilder?

4

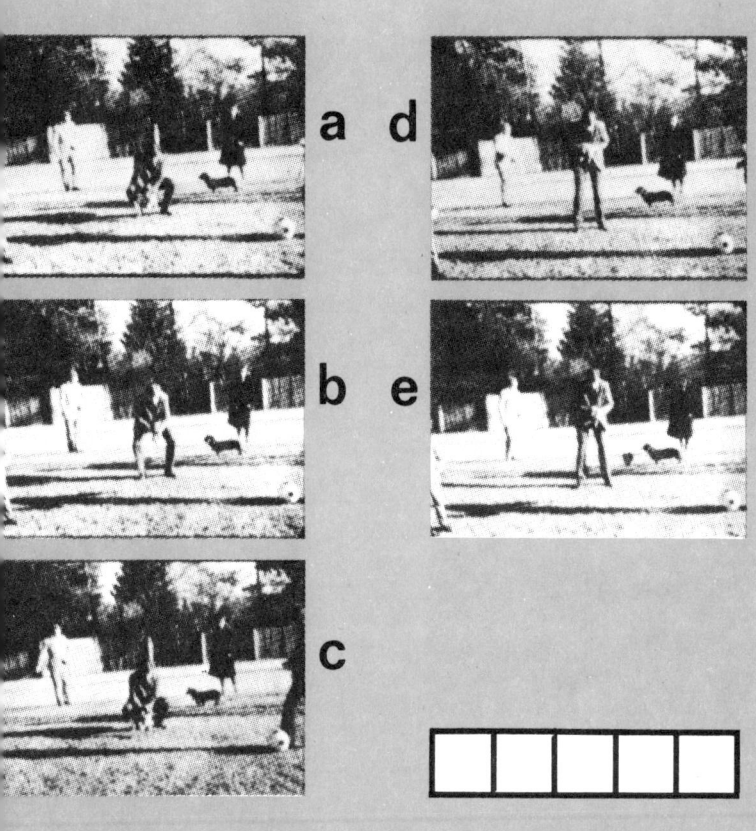

a   d

b   e

c

Bitte umblättern!

Aufgabe 5
Wie ist die richtige Reihenfolge der Bilder?

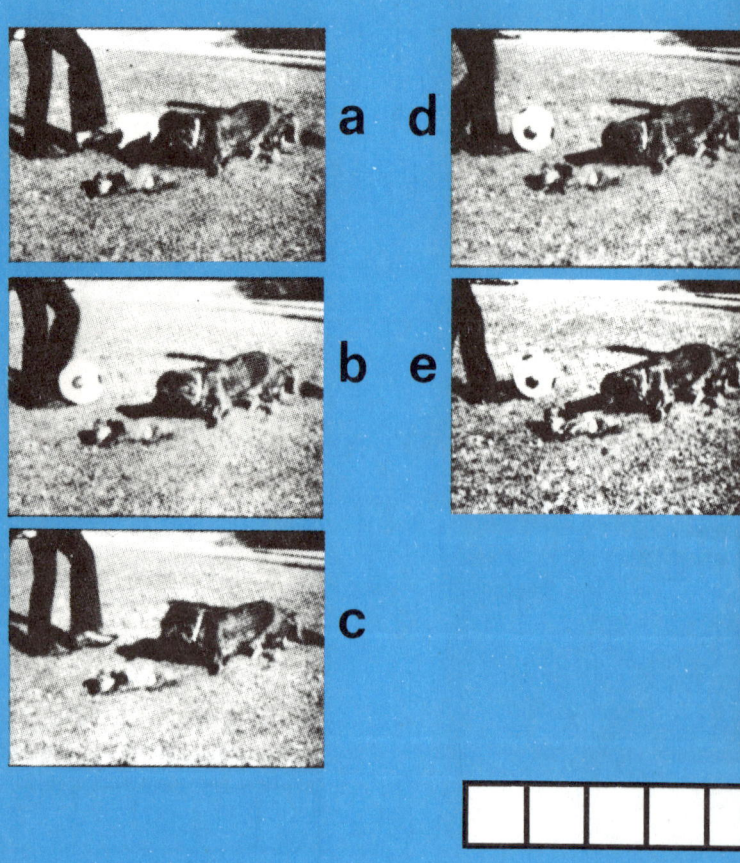

a d

b e

c

Aufgabe 6
Wie ist die richtige Reihenfolge der Bilder?

6

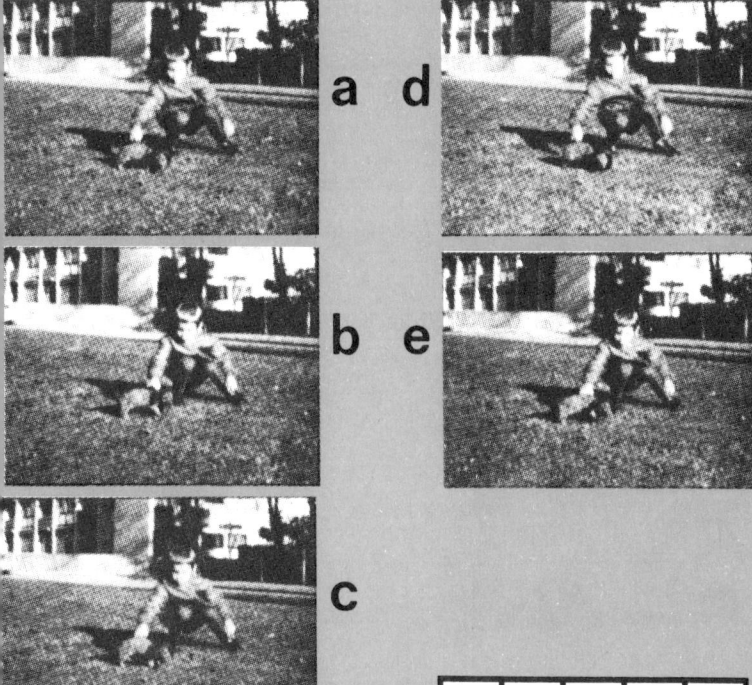

a   d

b   e

c

STOP NACH 6 MINUTEN TESTZEIT   ENDE TEST 9

Auf Seite 115 finden Sie Ihre Punktewertung.

Die 10 Aufgaben dieses Tests haben keinen hohen Schwierigkeitsgrad. Sie können alle Aufgaben lösen.

Das Meßergebnis ist die *Zeit*, die Sie benötigen, um *alle* Aufgaben *richtig* zu lösen. Die Reihenfolge, in der Sie die Aufgaben bearbeiten, ist dabei nebensächlich. Lösen Sie aber alle
Aufgaben richtig. Jede falsche Lösung verringert Ihre Punktzahl!

Arbeiten Sie so schnell wie möglich.

BEISPIEL DER TESTAUFGABE

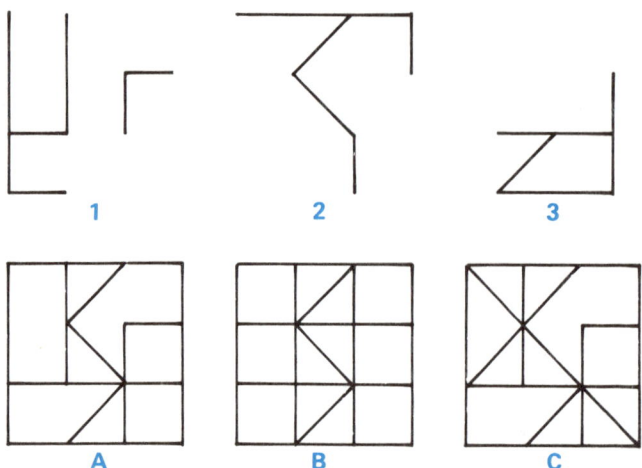

Die Musterfragmente 1, 2 und 3 sind Teile der Muster A, B
und C. Zusammengesetzt ergeben die drei Musterfragmente
genau deckungsgleich eines der drei Muster A, B oder C.

Welches Muster ergeben die zusammengesetzten Musterfragmente 1, 2 und 3?

A B C

Die drei Musterfragmente ergeben zusammengesetzt genau deckungsgleich das Muster A.
Muster A ist die gesuchte richtige Lösung und deshalb angekreuzt.

Auf den folgenden Seiten finden Sie Muster und Musterfragmente der Testaufgaben. Wenn Sie herausgefunden haben, welches Muster die drei Musterfragmente zusammengesetzt ergeben, kreuzen Sie den dabeistehenden Buchstaben an.

Bitte nicht umblättern, bevor Ihnen die Aufgabenstellung klargeworden ist!

Schauen Sie auf die Uhr: → **Startzeit** [   ] → **Start** →

Aufgaben 1–2
*Welches Muster ergeben die drei Musterfragmente zusammen-
gesetzt?*

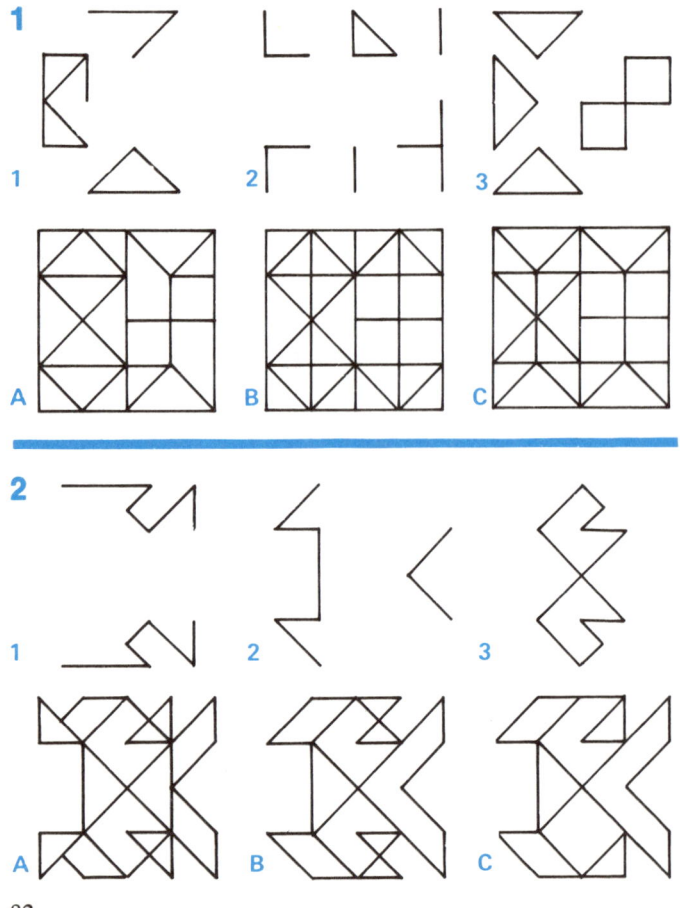

Aufgaben 3–4

Welches Muster ergeben die drei Musterfragmente zusammengesetzt?

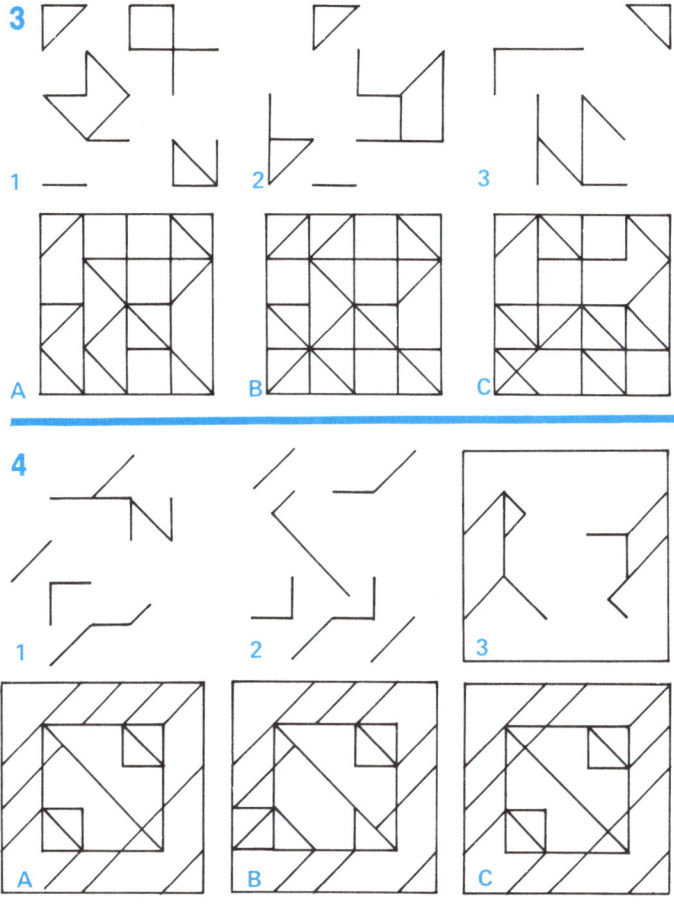

Bitte umblättern!

Aufgaben 5–6
Welches Muster ergeben die drei Musterfragmente zusammengesetzt?

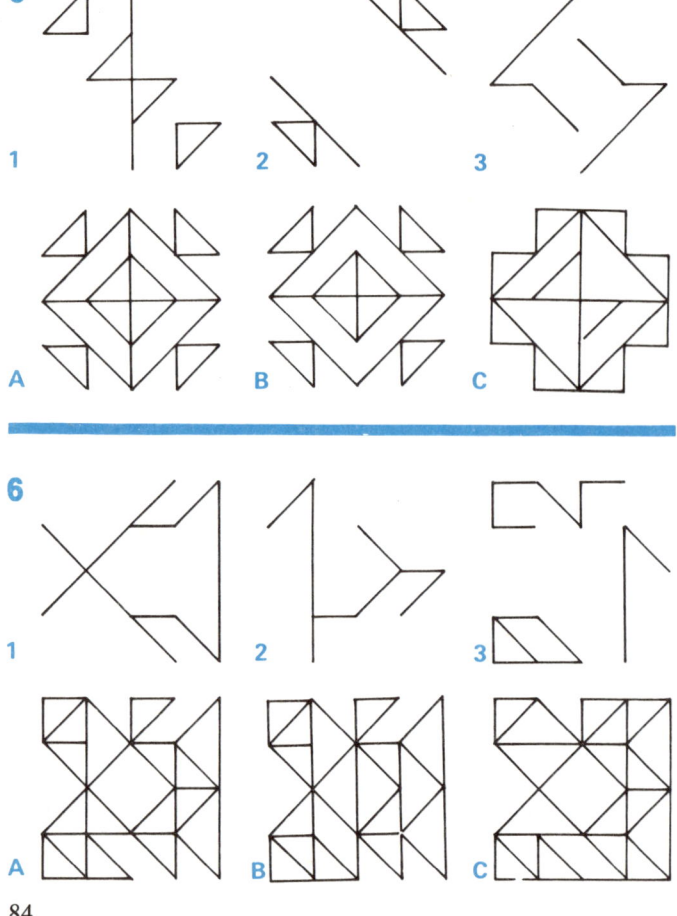

Aufgaben 7–8
Welches Muster ergeben die drei Musterfragmente zusammengesetzt?

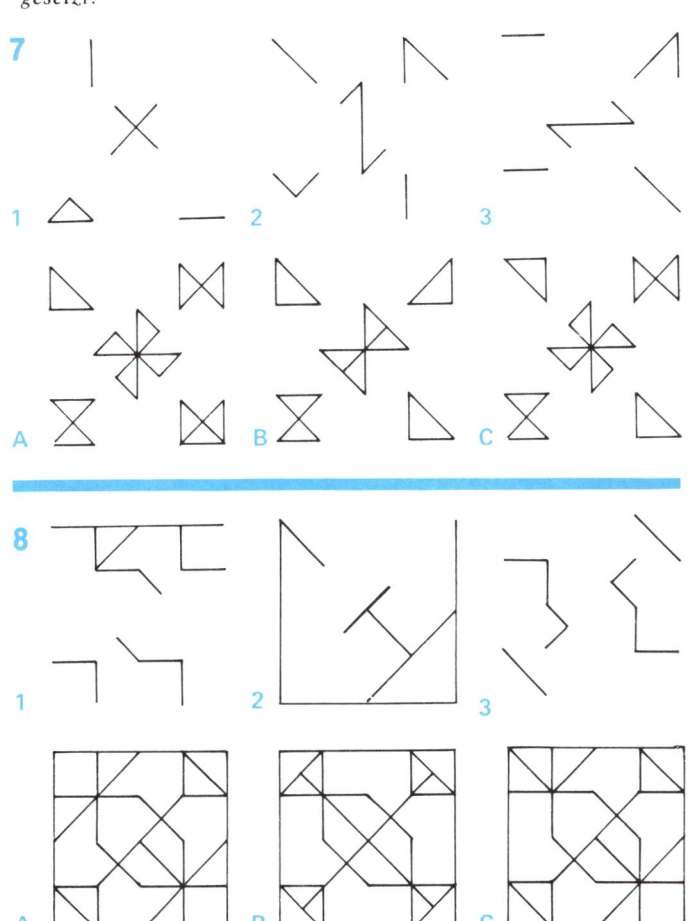

Bitte umblättern!

Aufgabe 9

Welches Muster ergeben die drei Musterfragmente zusammengesetzt?

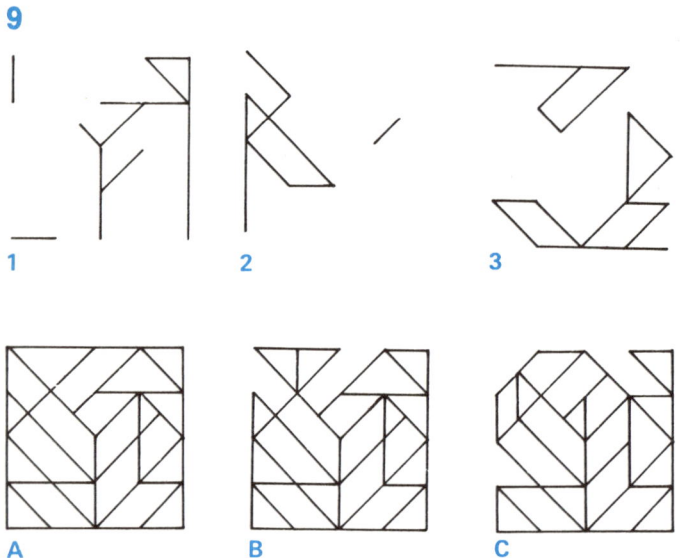

9

1   2   3

A   B   C

Aufgabe 10

Welches Muster ergeben die drei Musterfragmente zusammengesetzt?

10

1

2

3

A

B

C

STOP **IHRE TESTZEIT** **ENDE TEST 10**

Auf Seite 116 finden Sie Ihre Punktewertung.

Zur Lösung der 9 Aufgaben dieses Tests haben Sie 8 Minuten Zeit. Halten Sie diese Zeit unbedingt ein.

Bearbeiten Sie die Aufgaben der Reihe nach. Überspringen Sie keine Aufgabe. Die einzelnen Aufgaben haben einen steigenden Schwierigkeitsgrad. Versuchen Sie, in 8 Minuten so viele Aufgaben wie möglich richtig zu lösen.

Das Meßergebnis ist die Zahl der in der vorgegebenen Zeit richtig gelösten Aufgaben.

BEISPIEL DER TESTAUFGABE

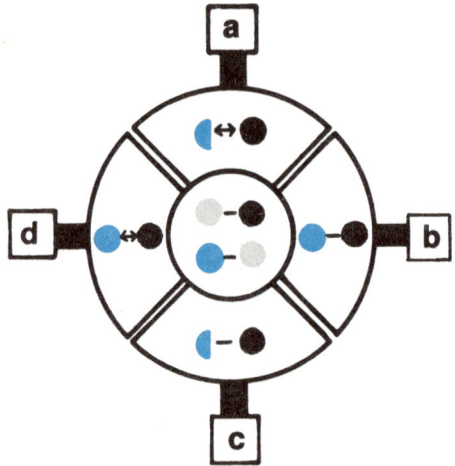

Die Symbole im Kombinationskreis bedeuten folgendes:

Ein Vollkreis [●] bedeutet immer „alle".
Ein Halbkreis [◖] bedeutet immer „einige".
Ein einfacher Bindestrich [-] bedeutet immer „sind".
Ein Doppelpfeil [⟷] bedeutet immer „sind nicht".

Im Zentrum des Kombinationskreises stehen zwei Aussagen, nämlich:

Alle Grau sind Schwarz
Alle Rot sind Grau

Wenn nun diese beiden Aussagen zutreffen, dann gibt es dazu für Rot einen bestimmten logischen Schluß. Er ist in einem der vier Felder zu finden, die um das Zentrum des Kombinationskreises angeordnet sind.

Welcher der vier vorgegebenen Schlüsse ist logisch zwingend?

Wenn alle Grau Schwarz sind und alle Rot Grau sind, dann:

sind alle Rot Schwarz.

„Alle Rot sind Schwarz" ist also der gesuchte richtige Schluß; b ist deshalb angekreuzt.
Von den vier vorgegebenen Schlüssen ist immer nur einer richtig.

Auf den folgenden Seiten finden Sie die Kombinationskreise der Testaufgabe. Kreuzen Sie den Buchstaben in dem Kästchen an, der für den richtigen Kombinationsschluß steht. Bitte beachten Sie noch: Fassen Sie die Aussagerichtung „Alle Grau sind Schwarz" z. B. nur in Schreibrichtung geltend auf.

Bitte nicht umblättern, bevor Ihnen die Aufgabenstellung klargeworden ist!

Schauen Sie auf die Uhr: → Startzeit [ ] **→ Start →**

Aufgaben 1–6

Welcher der vorgegebenen Schlüsse ist logisch zwingend?

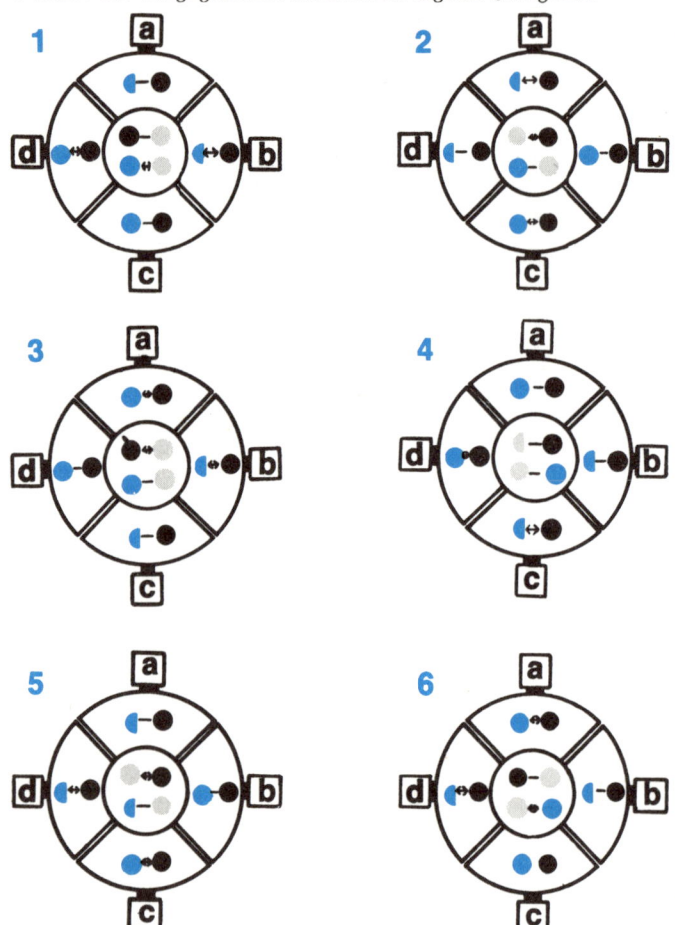

Aufgaben 7–9
Welcher der vorgegebenen Schlüsse ist logisch zwingend?

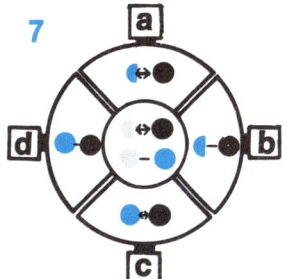

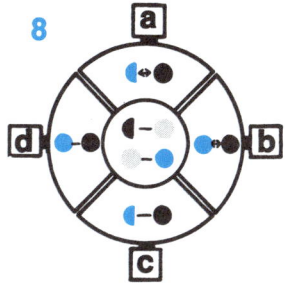

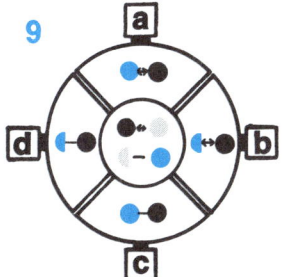

 **NACH 8 MINUTEN TESTZEIT**   **ENDE TEST 11**

Auf Seite 118 finden Sie Ihre Punktewertung.

Zur Lösung der 6 Aufgaben haben Sie *9 Minuten* Zeit. Halten Sie diese Zeit unbedingt ein.
Bearbeiten Sie die Aufgaben der Reihe nach. Überspringen Sie keine Aufgabe. Die einzelnen Aufgaben haben einen steigenden Schwierigkeitsgrad.

Versuchen Sie, in 9 Minuten so viele Aufgaben wie möglich richtig zu lösen.

Das Meßergebnis ist die Zahl der in der vorgegebenen Zeit richtig gelösten Aufgaben.

BEISPIEL DER TESTAUFGABE

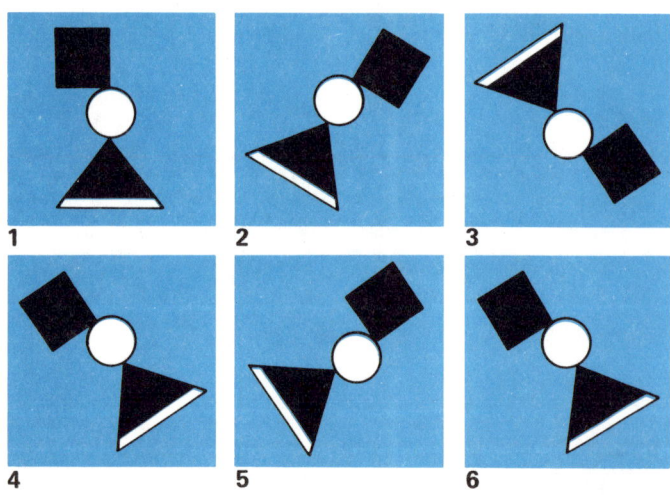

Die Figur ist um ihren Mittelpunkt in verschiedene Richtungen gedreht. Die Figur bleibt dabei aber immer die gleiche.

Eine Drehung jedoch stimmt nicht: Zur Drehung um den Mittelpunkt kommt zusätzlich eine Drehung von 180 Grad um die eigene Achse!

Welche Drehung ist das?

1 2 3 4 5 6

Bei fünf Drehungen liegt das Quadrat der Figur *links*versetzt: Das sind die Drehungen 1, 3, 4, 5, 6.
Bei der Drehung 2 ist das Quadrat *rechts*versetzt, weil die Figur zusätzlich zur Drehung um den Mittelpunkt noch um 180 Grad um die eigene Achse geklappt ist.
Die zweite Drehung ist die gesuchte richtige Lösung und deshalb angekreuzt.

Auf den folgenden Seiten finden Sie die Drehfiguren für die Testaufgaben. Kreuzen Sie jede Nummer der Drehfiguren an, deren Drehungen im Vergleich zu den anderen Figuren nicht stimmen. Beachten Sie bitte, daß für die Aufgaben die Zahl der gesuchten falschen Drehungen verschieden ist.

Bitte nicht umblättern, bevor Ihnen die Aufgabenstellung klargeworden ist!

Schauen Sie auf die Uhr: → Startzeit [   ] **→ Start →**

Aufgabe 1
Drei Drehungen stimmen nicht. Welche sind das?

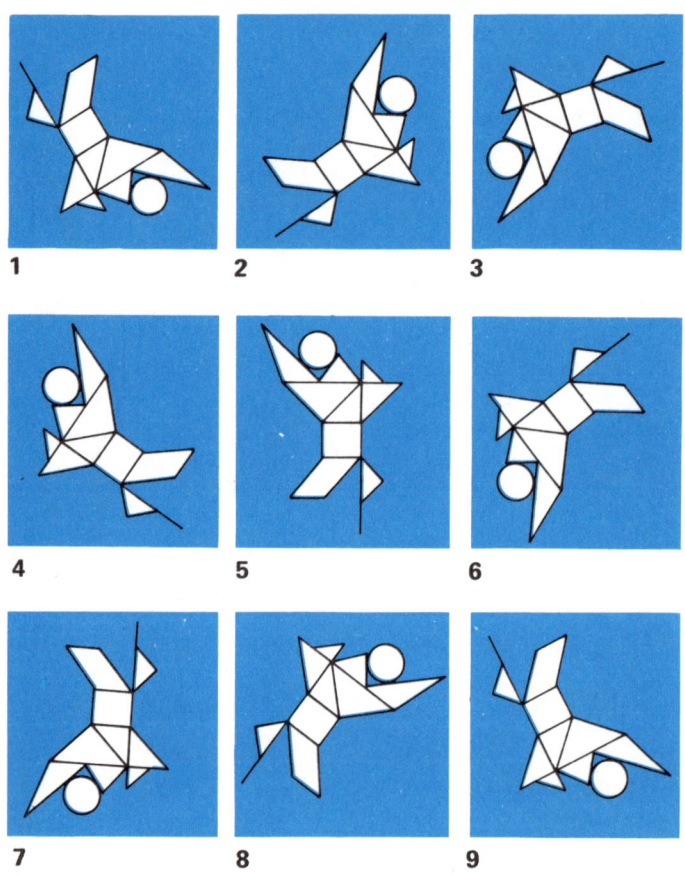

1

2

3

4

5

6

7

8

9

Aufgabe 2
Zwei Drehungen stimmen nicht. Welche sind das?

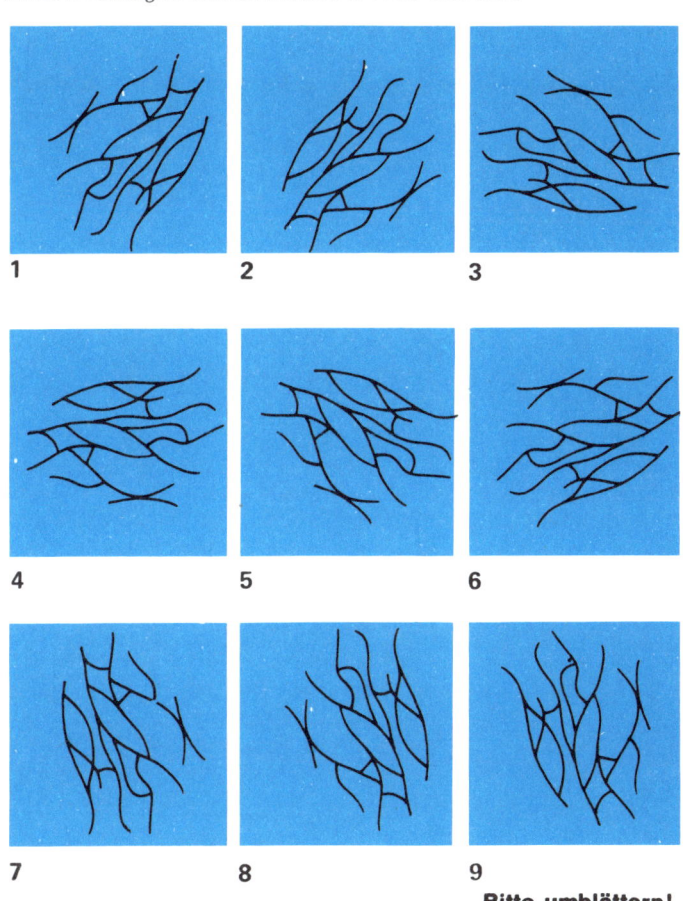

1

2

3

4

5

6

7

8

9

Bitte umblättern!

Aufgabe 3
Drei Drehungen stimmen nicht. Welche sind das?

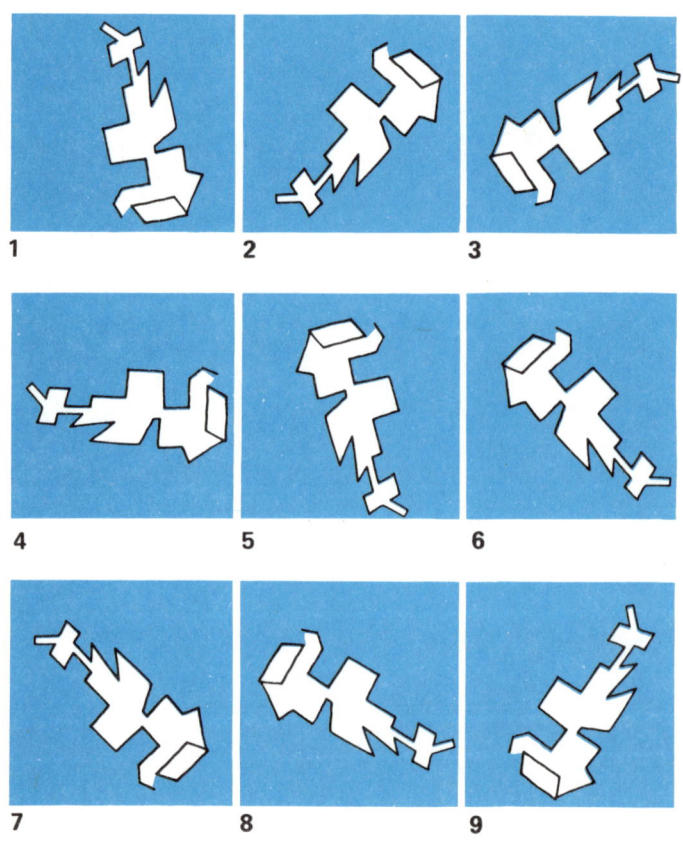

Aufgabe 4
Vier Drehungen stimmen nicht. Welche sind das?

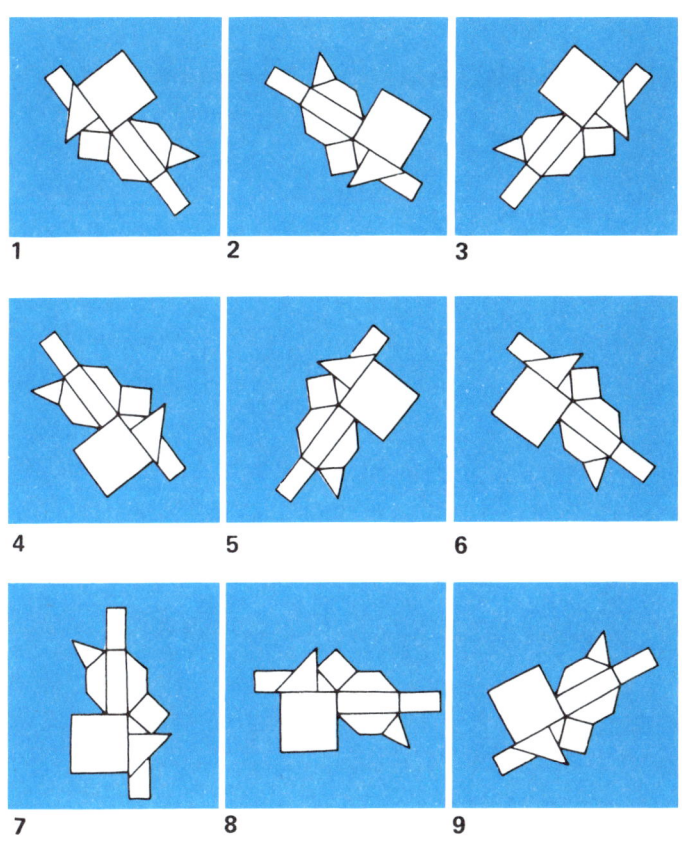

1 2 3

4 5 6

7 8 9

Bitte umblättern!

Aufgabe 5

Vier Drehungen stimmen nicht. Welche sind das?

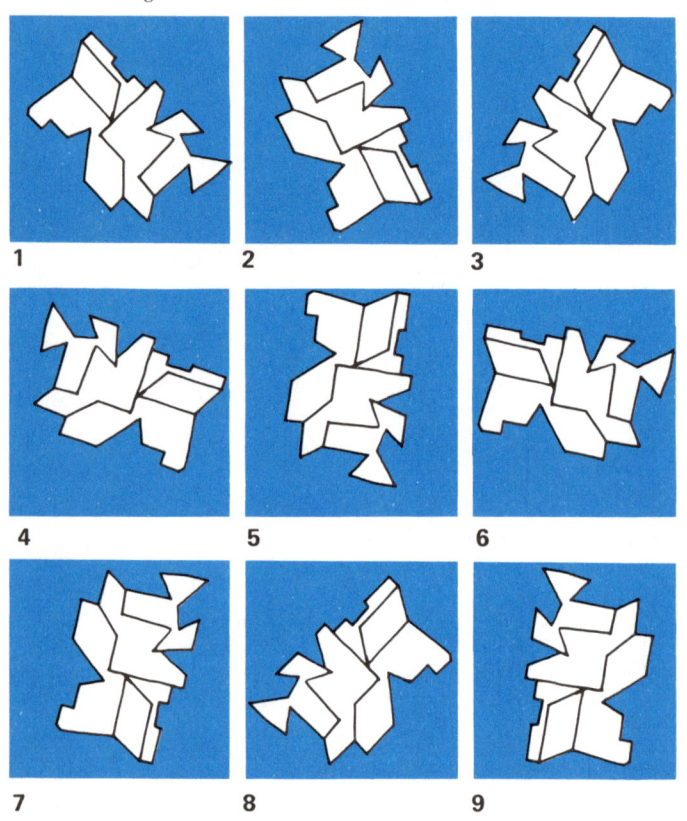

1

2

3

4

5

6

7

8

9

Aufgabe 6
Zwei Drehungen stimmen nicht. Welche sind das?

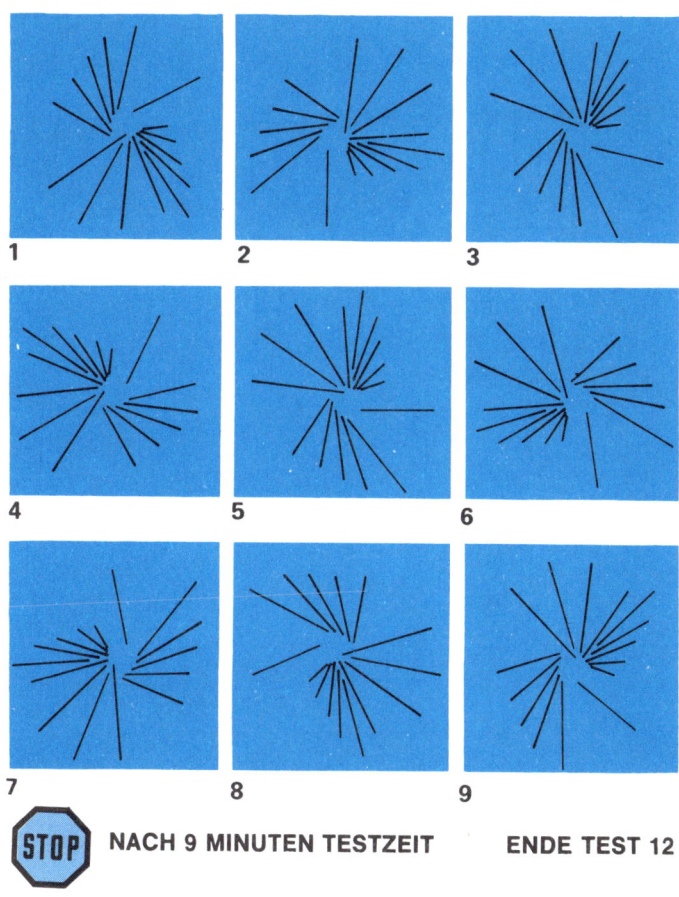

Auf Seite 119 finden Sie Ihre Punktewertung.

Ihr Testergebnis

Ihr Testergebnis

1 Die richtigen Lösungen für den 1. Test auf den Seiten 22 bis 33 sind:

Aufgabe 1	M
Aufgabe 2	L
Aufgabe 3	I
Aufgabe 4	E
Aufgabe 5	C
Aufgabe 6	H
Aufgabe 7	F
Aufgabe 8	A

Vergleichen Sie Ihre Aufgabenlösungen. Eine Aufgabe gilt nur dann als richtig gelöst, wenn der Buchstabe übereinstimmt.

Notieren Sie die Zahl der Aufgaben, die Sie falsch gelöst haben.

Für jede falsche Lösung erhalten Sie eine *Strafzeit von 15 Sekunden*, die Sie zu Ihrer gemessenen Testbearbeitungszeit hinzurechnen müssen.

Beispiel: Wenn Sie für die Bearbeitung der 8 Aufgaben des 1. Tests 4 Minuten und 15 Sekunden benötigt haben, jedoch zwei Aufgaben nicht richtig gelöst haben, dann beträgt Ihr Testzeitwert nicht 4 Minuten und 15 Sekunden, sondern 4 Minuten und 15 Sekunden plus 30 Sekunden Strafzeit, zusammen 4 Minuten und 45 Sekunden.

Aus der Tabelle lesen Sie ab, wie viele Punkte Sie für Ihre benötigte Testbearbeitungszeit (Testzeit plus Strafzeit) erhalten:

PUNKTETABELLE

Testzeit, die Sie benötigt haben, um alle Aufgaben richtig zu lösen	PUNKTE
weniger als 3.30 Minuten	8
3.31 Min. bis 4.00 Min.	7
4.01 Min. bis 4.30 Min.	6
4.31 Min. bis 5.00 Min.	5
5.01 Min. bis 5.30 Min.	4
5.31 Min. bis 6.00 Min.	3
6.01 Min. bis 6.30 Min.	2
6.31 Min. bis 7.00 Min.	1
mehr als 7.01 Min.	0

Beispiel: Wenn Sie alle 8 Aufgaben in 4 Minuten und 40 Sekunden richtig gelöst haben, dann erhalten Sie 5 Punkte.
Wenn Sie die Aufgaben in 4 Minuten und 40 Sekunden bearbeitet haben, zwei Aufgaben aber nicht richtig gelöst haben, dann erhalten Sie für 4.40 Minuten plus 30 Sekunden Strafzeit, gleich 5 Minuten und 10 Sekunden, nur 4 Punkte.

**Notieren Sie
Ihre Punktezahl,
die Sie für den
1. Test bekommen.**

2 Die richtigen Lösungen für den 2. Test auf den Seiten 34 bis 39 sind:

Aufgabe 1	c
Aufgabe 2	c
Aufgabe 3	b
Aufgabe 4	b

Vergleichen Sie Ihre Aufgabenlösungen. Eine Aufgabe gilt nur dann als richtig gelöst, wenn der Buchstabe übereinstimmt.

Notieren Sie die Zahl der von Ihnen richtig gelösten Aufgaben.

Aus der Tabelle lesen Sie ab, wie viele Punkte Sie für Ihre Testleistung erhalten:

PUNKTETABELLE

Anzahl der von Ihnen richtig gelösten Aufgaben	PUNKTE
4	8
3	6
2	4
1	2
0	0

Beispiel: Wenn Sie von den 4 Aufgaben 2 in der vorgeschriebenen Zeit von 5 Minuten richtig gelöst haben, dann erhalten Sie dafür 4 Punkte.

Notieren Sie Ihre Punktezahl, die Sie für den 2. Test bekommen.

Die richtigen Lösungen für den 3. Test auf den Seiten 40 bis 47 sind:

Aufgabe 1	**10 (+)**
Aufgabe 2	**8 (—)**
Aufgabe 3	**7 (—)**
Aufgabe 4	**10 (+)**
Aufgabe 5	**8 (—)**
Aufgabe 6	**9 (—)**
Aufgabe 7	**21 (+)**
Aufgabe 8	**18 (—)**
Aufgabe 9	**19 (—)**
Aufgabe 10	**15 (—)**
Aufgabe 11	**18 (—)**
Aufgabe 12	**21 (+)**
Aufgabe 13	**19 (—)**
Aufgabe 14	**16 (—)**
Aufgabe 15	**21 (—)**
Aufgabe 16	**23 (—)**
Aufgabe 17	**20 (—)**
Aufgabe 18	**25 (+)**
Aufgabe 19	**25 (+)**
Aufgabe 20	**25 (+)**

Vergleichen Sie Ihre Aufgabenlösungen. Eine Aufgabe gilt nur dann als richtig gelöst, wenn Sie auf die gleiche Summe kommen.

Notieren Sie die Zahl der Aufgaben, die Sie falsch gelöst haben.

Für jede falsche Lösung erhalten Sie eine *Strafzeit von 15 Sekunden*, die Sie zu Ihrer gemessenen Testbearbeitungszeit hinzurechnen müssen.

Beispiel: Wenn Sie für die Bearbeitung der 20 Aufgaben des
3. Tests 8 Minuten benötigt haben, jedoch drei Aufgaben nicht richtig gelöst haben, dann beträgt Ihr Testzeitwert nicht 8 Minuten, sondern 8 Minuten plus 45 Sekunden Strafzeit, zusammen 8 Minuten und 45 Sekunden.

Aus der Tabelle lesen Sie ab, wie viele Punkte Sie für Ihre benötigte Testbearbeitungszeit (Testzeit plus Strafzeit) erhalten:

PUNKTETABELLE

Testzeit, die Sie benötigt haben, um alle Aufgaben richtig zu lösen	PUNKTE
weniger als 5 Minuten	8
5.01 Min. bis 6.00 Min.	7
6.01 Min. bis 7.00 Min.	6
7.01 Min. bis 8.00 Min.	5
8.01 Min. bis 9.00 Min.	4
9.01 Min. bis 10.00 Min.	3
10.01 Min. bis 11.00 Min.	2
11.01 Min. bis 12.00 Min.	1
mehr als 12.01 Min.	0

Beispiel: Wenn Sie alle 20 Aufgaben in 7 Minuten und 30 Sekunden richtig gelöst haben, dann erhalten Sie 5 Punkte.
Wenn Sie die Aufgaben in 7 Minuten und 30 Sekunden bearbeitet haben, drei Aufgaben aber nicht richtig gelöst haben, dann erhalten Sie für 7.30 Minuten plus 45 Sekunden Strafzeit, gleich 8 Minuten und 15 Sekunden, nur 4 Punkte.

**Notieren Sie
Ihre Punktezahl,
die Sie für den
3. Test bekommen.**

Die richtigen Lösungen für den 4. Test auf den Seiten 48 bis 54 sind: **4**

Aufgabe 1	1	2	3	4	5	6
	D	F	C	E	B	A

Aufgabe 2	1	2	3	4	5	6
	D	C	E	B	F	A

Aufgabe 3	1	2	3	4	5	6
	D	E	A	F	C	B

Aufgabe 4	1	2	3	4	5	6
	D	F	E	A	B	C

Aufgabe 5	1	2	3	4	5	6
	B	D	F	E	A	C

Aufgabe 6	1	2	3	4	5	6
	D	E	F	B	A	C

Vergleichen Sie Ihre Aufgabenlösungen. Eine Aufgabe gilt nur dann als richtig gelöst, wenn Sie alle Buchstaben und Zahlen zugeordnet haben.

Notieren Sie die Zahl der von Ihnen richtig gelösten Aufgaben.

Aus der Tabelle lesen Sie ab, wie viele Punkte Sie für Ihre Testleistung erhalten:

PUNKTETABELLE

Anzahl der von Ihnen richtig gelösten Aufgaben	PUNKTE
6	8
5	7
4	5

Anzahl der von Ihnen richtig gelösten Aufgaben	PUNKTE
3	4
2	3
1	1
0	0

Beispiel: Wenn Sie von den 6 Aufgaben 2 in der vorgeschriebenen Zeit von 10 Minuten richtig gelöst haben, dann erhalten Sie dafür 3 Punkte.

Notieren Sie Ihre Punktezahl, die Sie für den 4. Test bekommen.

---

5 Die richtigen Lösungen für den 5. Test auf den Seiten 55 und 56 sind:

Aufgabe 1	32
Aufgabe 2	4
Aufgabe 3	72
Aufgabe 4	38
Aufgabe 5	34
Aufgabe 6	1
Aufgabe 7	2

Vergleichen Sie Ihre Aufgabenlösungen. Eine Aufgabe gilt nur dann als richtig gelöst, wenn Sie auf die gleiche Zahl kommen.

Notieren Sie die Zahl der von Ihnen richtig gelösten Aufgaben.

108

Aus der Tabelle lesen Sie ab, wie viele Punkte Sie für Ihre Testleistung erhalten:

PUNKTETABELLE

Anzahl der von Ihnen richtig gelösten Aufgaben	PUNKTE
7	8
6	7
5	6
4	5
3	4
2	2
1	1
0	0

Beispiel: Wenn Sie von den 7 Aufgaben 4 in der vorgeschriebenen Zeit von 7 Minuten richtig gelöst haben, dann erhalten Sie dafür 5 Punkte.

Notieren Sie Ihre Punktezahl, die Sie für den 5. Test bekommen.

Die richtigen Lösungen für den 6. Test auf den Seiten 57 bis 61 sind:

6

Aufgabe 1	3
Aufgabe 2	3
Aufgabe 3	5
Aufgabe 4	6
Aufgabe 5	17
Aufgabe 6	0
Aufgabe 7	5
Aufgabe 8	0

Vergleichen Sie Ihre Aufgabenlösungen. Eine Aufgabe gilt nur dann als richtig gelöst, wenn Sie auf die gleiche Zahl kommen.

Notieren Sie die Zahl der Aufgaben, die Sie falsch gelöst haben.

Für jede falsche Lösung erhalten ·Sie eine *Strafzeit von 60 Sekunden*, die Sie zu Ihrer gemessenen Testbearbeitungszeit hinzurechnen müssen.

Beispiel: Wenn Sie für die Bearbeitung der 8 Aufgaben des 6. Tests 6 Minuten benötigt haben, jedoch zwei Aufgaben nicht richtig gelöst haben, dann beträgt Ihr Testzeitwert nicht 6 Minuten, sondern 6 Minuten plus 2 Minuten Strafzeit, zusammen 8 Minuten.

Aus der Tabelle lesen Sie ab, wie viele Punkte Sie für Ihre benötigte Testbearbeitungszeit (Testzeit plus Strafzeit) erhalten:

PUNKTETABELLE

Testzeit, die Sie benötigt haben, um alle Aufgaben richtig zu lösen	PUNKTE
weniger als 3 Minuten	**8**
3.01 Min. bis 4.00 Min.	**7**
4.01 Min. bis 5.00 Min.	**6**
5.01 Min. bis 7.00 Min.	**5**
7.01 Min. bis 9.00 Min.	**4**
9.01 Min. bis 11.00 Min.	**3**
11.01 Min. bis 14.00 Min.	**2**
14.01 Min. bis 17.00 Min.	**1**
mehr als 17.01 Min.	**0**

Beispiel: Wenn Sie alle 8 Aufgaben in 8 Minuten richtig gelöst haben, dann erhalten Sie 4 Punkte.

Wenn Sie die Aufgaben in 8 Minuten bearbeitet haben, zwei Aufgaben aber nicht richtig gelöst haben, dann erhalten Sie für 8 Minuten plus 2 Minuten Strafzeit, gleich 10 Minuten, nur 3 Punkte.

Notieren Sie Ihre Punktezahl, die Sie für den 6. Test bekommen.

Die richtigen Lösungen für den 7. Test auf den Seiten 62 bis 65 sind: **7**

Aufgabe 1	F 7
Aufgabe 2	F 4
Aufgabe 3	F 5
Aufgabe 4	F 6
Aufgabe 5	E 5
Aufgabe 6	F 7
Aufgabe 7	F 5
Aufgabe 8	E 6

Vergleichen Sie Ihre Aufgabenlösungen. Eine Aufgabe gilt nur dann als richtig gelöst, wenn Sie das gleiche Buchstaben-Zahlen-Paar haben.

ANMERKUNG

Sie werden vielleicht befremdet festgestellt haben, daß bei den letzten, schwereren Aufgaben der gesuchte Schwerpunkt außerhalb der abgebildeten Flächen liegt. Das ist kein Fehler sondern durchaus beabsichtigt. Denn die Denkleistung, die zur Idee einer Schwerpunktverlagerung nach außen führt, zählt bei diesem Test mit zum Meßkriterium.

Notieren Sie die Zahl der von Ihnen richtig gelösten Aufgaben.

Aus der Tabelle lesen Sie ab, wie viele Punkte Sie für Ihre Testleistung erhalten:

PUNKTETABELLE

Anzahl der von Ihnen richtig gelösten Aufgaben	PUNKTE
8	8
7	7
6	6
5	5
4	4
3	3
2	2
1	1
0	0

Beispiel: Wenn Sie von den 8 Aufgaben 6 in der vorgeschriebenen Zeit von 3 Minuten richtig gelöst haben, dann erhalten Sie dafür 6 Punkte.

Notieren Sie Ihre Punktezahl, die Sie für den 7. Test bekommen.

Aufgabe 1	abdc
Aufgabe 2	adcb
Aufgabe 3	adbc
Aufgabe 4	acbd
Aufgabe 5	adcb
Aufgabe 6	acdb
Aufgabe 7	adcb
Aufgabe 8	adcb

Vergleichen Sie Ihre Aufgabenlösungen. Eine Aufgabe gilt nur dann als richtig gelöst, wenn Sie die gleiche Buchstabenreihe vorweisen können.

Notieren Sie die Zahl der Aufgaben, die Sie falsch gelöst haben.

Für jede falsche Lösung erhalten Sie eine *Strafzeit von 15 Sekunden*, die Sie zu Ihrer gemessenen Testbearbeitungszeit hinzurechnen müssen.

Beispiel: Wenn Sie für die Bearbeitung der 8 Aufgaben des 8. Tests 2 Minuten und 45 Sekunden benötigt haben, jedoch zwei Aufgaben nicht richtig gelöst haben, dann beträgt Ihr Testzeitwert nicht 2 Minuten und 45 Sekunden, sondern 2.45 Minuten plus 30 Sekunden Strafzeit, zusammen 3 Minuten und 15 Sekunden.

Aus der Tabelle lesen Sie ab, wie viele Punkte Sie für Ihre benötigte Testbearbeitungszeit (Testzeit plus Strafzeit) erhalten:

PUNKTETABELLE

Testzeit, die Sie benötigt haben, um alle Aufgaben richtig zu lösen	PUNKTE
weniger als 2.16 Minuten	**8**
2.16 Min. bis 2.30 Min.	**7**
2.31 Min. bis 3.00 Min.	**6**
3.01 Min. bis 3.30 Min.	**5**
3.31 Min. bis 4.00 Min.	**4**
4.01 Min. bis 4.30 Min.	**3**
4.31 Min. bis 5.00 Min.	**2**
5.01 Min. bis 6.00 Min.	**1**
mehr als 6.01 Min.	**0**

Beispiel: Wenn Sie alle 8 Aufgaben in 4 Minuten richtig gelöst haben, dann erhalten Sie 4 Punkte.

Wenn Sie die Aufgaben in 4 Minuten bearbeitet haben, eine Aufgabe aber nicht richtig gelöst haben, dann erhalten Sie für 4 Minuten plus 15 Sekunden Strafzeit, gleich 4 Minuten und 15 Sekunden, nur 3 Punkte.

Notieren Sie Ihre Punktezahl, die Sie für den 8. Test bekommen.

Die richtigen Lösungen für den 9. Test auf den Seiten 72 bis 79 sind: **9**

Aufgabe 1	**abecd**
Aufgabe 2	**abdce**
Aufgabe 3	**ecabd**
Aufgabe 4	**debac**
Aufgabe 5	**edbac**
Aufgabe 6	**ecbad**

Vergleichen Sie Ihre Aufgabenlösungen. Eine Aufgabe gilt nur dann als richtig gelöst, wenn Sie die gleiche Buchstabenfolge in der angegebenen oder umgekehrten Reihenfolge vorweisen können.

Notieren Sie die Zahl der von Ihnen richtig gelösten Aufgaben.

Aus der Tabelle lesen Sie ab, wie viele Punkte Sie für Ihre Testleistung erhalten.

PUNKTETABELLE

Anzahl der von Ihnen richtig gelösten Aufgaben	PUNKTE
6	8
5	7
4	5
3	4
2	3
1	1
0	0

Beispiel: Wenn Sie von den 6 Aufgaben 2 in der vorgeschriebenen Zeit von 6 Minuten richtig gelöst haben, dann erhalten Sie dafür 3 Punkte.

**Notieren Sie
Ihre Punktezahl,
die Sie für den
9. Test bekommen.**

---

10 Die richtigen Lösungen für den 10. Test auf den Seiten 80 bis 87 sind:

Aufgabe 1	C
Aufgabe 2	B
Aufgabe 3	B
Aufgabe 4	C
Aufgabe 5	A
Aufgabe 6	A
Aufgabe 7	C
Aufgabe 8	C
Aufgabe 9	A
Aufgabe 10	A

Vergleichen Sie Ihre Aufgabenlösungen. Eine Aufgabe gilt nur dann als richtig gelöst, wenn Sie den gleichen Buchstaben haben.

**Notieren Sie die
Zahl der Aufgaben,
die Sie falsch
gelöst haben.**

116

Für jede falsche Lösung erhalten Sie eine *Strafzeit von 30 Sekunden*, die Sie zu Ihrer gemessenen Testbearbeitungszeit hinzurechnen müssen.

Beispiel: Wenn Sie für die Bearbeitung der 10 Aufgaben des 10. Tests 9 Minuten und 20 Sekunden benötigt haben, jedoch eine Aufgabe nicht richtig gelöst haben, dann beträgt Ihr Testzeitwert nicht 9 Minuten und 20 Sekunden, sondern 9.20 Minuten plus 30 Sekunden Strafzeit, zusammen 9 Minuten und 50 Sekunden.

Aus der Tabelle lesen Sie ab, wie viele Punkte Sie für Ihre benötigte Testbearbeitungszeit (Testzeit plus Strafzeit) erhalten:

PUNKTETABELLE

Testzeit, die Sie benötigt haben, um alle Aufgaben richtig zu lösen	PUNKTE
weniger als 6.00 Min.	**8**
6.01 Min. bis 7.30 Min.	**7**
7.31 Min. bis 9.00 Min.	**6**
9.01 Min. bis 10.30 Min.	**5**
10.31 Min. bis 12.00 Min.	**4**
12.01 Min. bis 13.30 Min.	**3**
13.31 Min. bis 15.00 Min.	**2**
15.01 Min. bis 16.30 Min.	**1**
mehr als 16.31 Min.	**0**

Beispiel: Wenn Sie alle 10 Aufgaben in 9 Minuten und 20 Sekunden richtig gelöst haben, dann erhalten Sie 5 Punkte.

Wenn Sie die Aufgaben in 9 Minuten und 20 Sekunden bearbeitet, drei Aufgaben jedoch nicht richtig gelöst haben, dann erhalten Sie für 9.20 Minuten plus 90 Sekunden Strafzeit, gleich 10 Minuten und 50 Sekunden, nur 4 Punkte.

**Notieren Sie
Ihre Punktezahl,
die Sie für den
10. Test bekommen.**

11 Die richtigen Lösungen für den 11. Test auf den Seiten 88 bis 91 sind:

Aufgabe 1	d
Aufgabe 2	c
Aufgabe 3	a
Aufgabe 4	b
Aufgabe 5	d
Aufgabe 6	a
Aufgabe 7	a
Aufgabe 8	c
Aufgabe 9	b

Vergleichen Sie Ihre Aufgabenlösungen. Eine Aufgabe gilt nur dann als richtig gelöst, wenn Sie den gleichen Buchstaben haben.

**Notieren Sie
die Zahl der
von Ihnen richtig
gelösten Aufgaben.**

Aus der Tabelle lesen Sie ab, wie viele Punkte Sie für Ihre Testleistung erhalten:

118

PUNKTETABELLE

Anzahl der von Ihnen richtig gelösten Aufgaben	PUNKTE
9	8
8	7
7	6
6	5
5	4
4	3
3	2
2	2
1	1
0	0

Beispiel: Wenn Sie von den 9 Aufgaben 6 in der vorgeschriebenen Zeit von 8 Minuten richtig gelöst haben, dann erhalten Sie dafür 5 Punkte.

Notieren Sie Ihre Punktezahl, die Sie für den 11. Test bekommen.

Die richtigen Lösungen für den 12. Test auf den Seiten 92 bis 99 sind:

12

Aufgabe 1	4, 7, 8
Aufgabe 2	7, 8
Aufgabe 3	2, 3, 4
Aufgabe 4	2, 3, 6, 8
Aufgabe 5	1, 5, 6, 9
Aufgabe 6	1, 6

Vergleichen Sie Ihre Aufgabenlösungen. Eine Aufgabe gilt nur dann als richtig gelöst, wenn Sie alle Drehungen herausgefunden haben.

**Notieren Sie
die Zahl der
von Ihnen richtig
gelösten Aufgaben.**

Aus der Tabelle lesen Sie ab, wie viele Punkte Sie für Ihre Testleistung erhalten:

PUNKTETABELLE

Anzahl der von Ihnen richtig gelösten Aufgaben	PUNKTE
6	8
5	7
4	5
3	4
2	3
1	1
0	0

Beispiel: Wenn Sie von den 6 Aufgaben in der vorgeschriebenen Zeit von 9 Minuten 4 Aufgaben richtig gelöst haben, dann erhalten Sie dafür 5 Punkte.

**Notieren Sie
Ihre Punktezahl,
die Sie für den
12. Test bekommen.**

Ihr persönlicher Intelligenzquotient (IQ)

Ihr persönlicher Intelligenzquotient (IQ)

Zählen Sie die 12 Punktezahlen zusammen, die Sie für jeden der 12 Untertests erhalten haben.

Notieren Sie Ihren Gesamttestwert.

Aus der folgenden Tabelle lesen Sie Ihren persönlichen Intelligenzquotienten ab, der zu Ihrem erzielten Gesamttestwert gehört:

Ihr erzielter Gesamttestwert	IQ	Ihr erzielter Gesamttestwert	IQ
1	49	18	68
2	50	19	69
3	51	20	70
4	53	21	71
5	54	22	72
6	55	23	73
7	56	24	74
8	57	25	75
9	58	26	76
10	59	27	77
11	60	28	78
12	61	29	79
13	62	30	80
14	63	31	82
15	64	32	83
16	65	33	84
17	67	34	85

Ihr erzielter Gesamttestwert	IQ	Ihr erzielter Gesamttestwert	IQ
35	86	66	119
36	87	67	121
37	88	68	122
38	89	69	123
39	90	70	124
40	91	71	125
41	92	72	126
42	93	73	127
43	95	74	128
44	96	75	129
45	97	76	130
46	98	77	131
47	99	78	132
48	100	79	134
49	101	80	135
50	102	81	136
51	103	82	137
52	104	83	138
53	105	84	139
54	107	85	140
55	108	86	141
56	109	87	142
57	110	88	143
58	111	89	144
59	112	90	145
60	113	91	146
61	114	92	148
62	115	93	149
63	116	94	150
64	117	95	151
65	118	96	152

Beispiel: Nach Addition Ihrer 12 Punktezahlen erhalten Sie einen Gesamttestwert von 64 Punkten. Laut IQ-Tabelle entspricht den 64 Punkten ein Intelligenzquotient von 117.

Sie können maximal 96 Gesamttestpunkte erreichen. 48 Gesamttestpunkte bzw. 100 IQ entsprechen genau dem Durchschnitt.

Das ist Ihr persönlicher Intelligenzquotient

Er ist ein Maß für Ihre geistigen Fähigkeiten, die man als Intelligenz bezeichnet. Mit der Höhe Ihres Intelligenzquotienten weisen Sie Ihre allgemeine geistige Leistungskapazität nach, ohne Rücksicht auf spezielle Ausprägungen bestimmter Intelligenzfaktoren (vergl. „Intelligenzschule").
Im Sinne der Intelligenzdefinition von *W. Stern* werden Sie entsprechend Ihrem IQ fähig sein, konkrete und abstrakte Probleme in neuartigen Situationen gut und schnell zu lösen, indem Sie durch schnelles Erfassen und geschicktes Herstellen von Beziehungen und Sinnzusammenhängen die Situation beherrschen.

124

Mit Hilfe des „Prozentranges (PR)" können Sie aus der folgenden Tabelle ersehen, wie Sie mit Ihrem persönlichen IQ im Vergleich zu den anderen Lesern liegen:

PROZENTRANG-PR-TABELLE

Ihr persönlicher Intelligenzquotient	PROZENTRANG	Ihr persönlicher Intelligenzquotient	PROZENTRANG
49	0 %	75	5 %
50	0 %	76	6 %
51	0 %	77	6 %
53	0 %	78	7 %
54	0 %	79	8 %
55	0 %	80	10 %
56	0 %	82	11 %
57	0 %	83	12 %
58	0 %	84	14 %
59	0 %	85	16 %
60	0 %	86	17 %
61	0 %	87	19 %
62	1 %	88	21 %
63	1 %	89	24 %
64	1 %	90	26 %
65	1 %	91	28 %
67	1 %	92	31 %
68	1 %	93	33 %
69	2 %	95	36 %
70	2 %	96	39 %
71	3 %	97	41 %
72	3 %	98	44 %
73	4 %	99	47 %
74	4 %	100	50 %

Ihr persönlicher Intelligenzquotient	PROZENT-RANG	Ihr persönlicher Intelligenzquotient	PROZENT-RANG
101	53 %	127	96 %
102	56 %	128	97 %
103	59 %	129	97 %
104	61 %	130	98 %
105	64 %	131	98 %
107	67 %	132	99 %
108	69 %	134	99 %
109	72 %	135	99 %
110	74 %	136	99 %
111	76 %	137	99 %
112	79 %	138	99 %
113	81 %	139	100 %
114	83 %	140	100 %
115	84 %	141	100 %
116	86 %	142	100 %
117	88 %	143	100 %
118	89 %	144	100 %
119	90 %	145	100 %
121	92 %	146	100 %
122	93 %	148	100 %
123	94 %	149	100 %
124	94 %	150	100 %
125	95 %	151	100 %
126	96 %	152	100 %

Der zu Ihrem Intelligenzquotienten gehörende Prozentrang gibt an, wieviel Prozent der Leser vergleichsweise weniger intelligent sind als Sie. Angenommen Sie haben einen IQ von 117 erreicht, dann entspricht dieser IQ einem Prozentrang von 88 %. Demnach sind Sie intelligenter als 88 % der Leser. Nur 12 % der Leser sind noch intelligenter als Sie.

Berechnung und Aussage des Intelligenzquotienten und des Prozentranges gehen von der empirischen Beobachtung aus, daß sich bestimmte Eigenschaften des Menschen – unter anderem auch die Intelligenz – nach der sog. Glockenkurve von GAUSS („GAUSS'sche Verteilung") verteilen. Verglichen mit einer Gruppe von 100 000 Lesern ist der Durchschnitts-IQ von 100 weit häufiger vertreten als der von 60 oder von 140. Grafisch sieht das folgendermaßen aus:

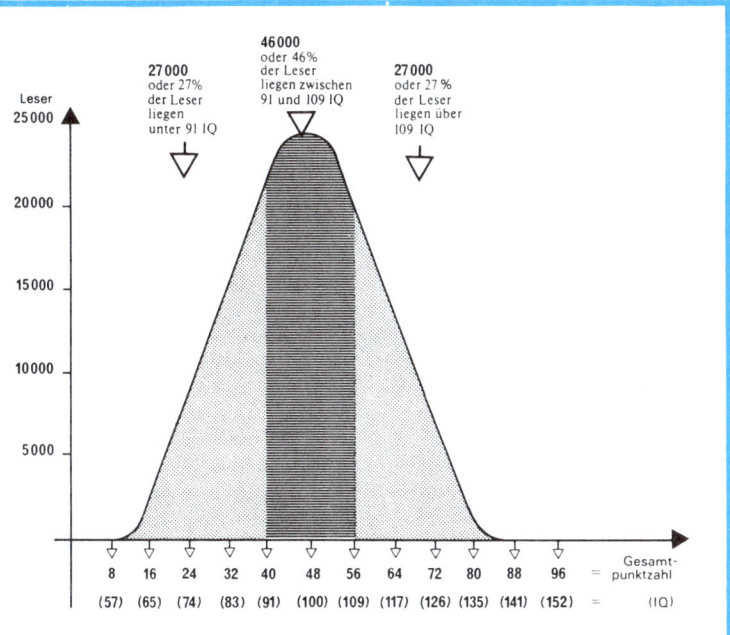

Entsprechend Ihrer Testleistung (= Gesamtpunktwert) werden Sie in diese IQ-Verteilung eingeordnet. Der statistische Vergleich ist naturgemäß eine Frage der Wahrscheinlichkeit und somit mehr oder weniger zutreffend.

Die folgende Tabelle gibt die Intelligenzbereiche (auch Vertrauensintervalle) an, in denen Ihr IQ bei einem bestimmten Gesamtpunktwert mit 95%iger Sicherheit tatsächlich liegt:

TABELLE IQ-VERTRAUENSINTERVALLE (95%)

Ihr erzielter Gesamtpunktwert	SICHERER IQ-BEREICH	Ihr erzielter Gesamtpunktwert	SICHERER IQ-BEREICH
1	44—54	25	70— 80
2	45—55	26	71— 81
3	46—56	27	72— 82
4	48—58	28	73— 83
5	49—59	29	74— 84
6	50—60	30	75— 85
7	51—61	31	77— 87
8	52—62	32	78— 88
9	53—63	33	79— 89
10	54—64	34	80— 90
11	55—65	35	81— 91
12	56—66	36	82— 92
13	57—67	37	83— 93
14	58—68	38	84— 94
15	59—69	39	85— 95
16	60—70	40	86— 96
17	62—72	41	87— 97
18	63—73	42	88— 98
19	64—74	43	90—100
20	65—75	44	91—101
21	66—76	45	92—102
22	67—77	46	93—103
23	68—78	47	94—104
24	69—79	48	95—105

Ihr erzielter Gesamtpunkt- wert	SICHERER IQ- BEREICH	Ihr erzielter Gesamtpunkt- wert	SICHERER IQ- BEREICH
49	96—106	73	122—132
50	97—107	74	123—133
51	98—108	75	124—134
52	99—109	76	125—135
53	100—110	77	126—136
54	102—112	78	127—137
55	103—113	79	129—139
56	104—114	80	130—140
57	105—115	81	131—141
58	106—116	82	132—142
59	107—117	83	133—143
60	108—118	84	134—144
61	109—119	85	135—145
62	110—120	86	136—146
63	111—121	87	137—147
64	112—122	88	138—148
65	113—123	89	139—149
66	114—124	90	140—150
67	116—126	91	141—151
68	117—127	92	143—153
69	118—128	93	144—154
70	119—129	94	145—155
71	120—130	95	146—156
72	121—131	96	147—157

Wenn Sie aufgrund des Testergebnisses einen IQ von 117 erreicht haben, dann wissen Sie, daß Ihre Intelligenz mit 95%iger Sicherheit einen IQ von 112 bis 122 wert ist. Bei einem Gesamtpunktwert von 64 sind Sie mit Sicherheit nicht schlechter als 112 IQ, aber auch nicht besser als 122 IQ.

Am anschaulichsten wird Ihnen die Bedeutung Ihres persönlichen Intelligenzquotienten durch den Vergleich mit der bekannten Notenskala aufgezeigt:

Note 7 : 49 bis 58 IQ	Note 4+ : 103 bis 105 IQ
Note 7+ : 59 bis 61 IQ	Note 3−4: 107 bis 109 IQ
Note 6−7: 62 bis 64 IQ	Note 3− : 110 bis 112 IQ
Note 6− : 65 bis 68 IQ	Note 3 : 113 bis 117 IQ
Note 6 : 69 bis 72 IQ	Note 3+ : 118 bis 121 IQ
Note 6+ : 73 bis 75 IQ	Note 2−3: 122 bis 124 IQ
Note 5−6: 76 bis 78 IQ	Note 2− : 125 bis 127 IQ
Note 5− : 79 bis 82 IQ	Note 2 : 128 bis 132 IQ
Note 5 : 83 bis 87 IQ	Note 2+ : 134 bis 136 IQ
Note 5+ : 88 bis 90 IQ	Note 1−2: 137 bis 139 IQ
Note 4−5: 91 bis 93 IQ	Note 1− : 140 bis 142 IQ
Note 4− : 95 bis 97 IQ	Note 1 : 143 bis 152 IQ
Note 4 : 98 bis 102 IQ	

Es bedeuten 1 = **ausgezeichnet**
2 = **sehr gut**
3 = **gut**
4 = **durchschnittlich, befriedigend**
5 = **ausreichend**
6 = **mangelhaft**
7 = **ungenügend**

Entsprechend dieser Tabelle würden Sie bei einem IQ von 117 die Note 3 bekommen: gute Intelligenz!
Bei all den Aussagen: Intelligenzquotient, Prozentrang, Benotung darf man den Zusammenhang von Intelligenztest als Meßinstrument und Intelligenzquotient als Meßergebnis nicht aus dem Auge verlieren. Die Behauptung „Intelligenz ist das, was der Intelligenztest mißt" kann man nicht so ohne weiteres von der Hand weisen. Genau genommen sagt das Testergebnis nämlich nicht aus, ob jemand Intelligenz besitzt, sondern ob es dem Betreffenden gelungen ist, seine Intelligenz – die nicht näher definiert werden kann – im Test als Problemsituation *erfolgreich* einzusetzen.

130

Nur unter diesem Gesichtspunkt ist die Formel der Testpsychologie zu verstehen:

> **Wer intelligent ist, wird mit großer Wahrscheinlichkeit im Intelligenztest erfolgreich abschneiden. Wer aber im Intelligenztest schlecht abschneidet, muß deshalb nicht unbedingt eine niedrige Intelligenz besitzen.**

Ihr IQ als Meß- und Vergleichswert ist eher eine Wahrscheinlichkeitsaussage als eine absolute Zahl. Das soll nicht nur ein Trost für alle diejenigen sein, die im Test einen niedrigeren Gesamtpunktwert erlangt haben als eigentlich erwartet.

Es ist keine Spitzfindigkeit, wenn man die Wahrscheinlichkeitsaussage folgendermaßen formuliert: Von zwei Getesteten sind beide gleich intelligent, obwohl der eine im Test schlechter abschneidet als der andere. Nur, die Vorhersagewahrscheinlichkeit, daß derjenige, der besser abgeschnitten hat, sich aufgrund seiner Intelligenz auch intelligent verhalten wird, ist größer als bei demjenigen, der ein schlechteres Ergebnis erzielt hat.

Intelligenz ist ja – leider, möchte man sagen – für die Menschen nach Geld und Adel eines der wichtigsten Statussymbole. Das verdeutlicht schon der große Respekt, der dem „Herrn Professor" als dem geachtetsten Beruf bei uns entgegengebracht wird.

Mit Intelligenz wird das Leben zwar nicht schöner – auf alle Fälle aber leichter.

Zum Schluß sollten Sie die folgenden 7 Punkte durchdenken:

> **1. Es liegt nicht am Test, wenn Sie schlecht abgeschnitten haben.**
>
> **2. Der Intelligenztest ist viel zu ernst, als daß Sie ihn nur als Spiel und Spaß auffassen sollten.**
>
> **3. Nehmen Sie das Testergebnis nicht allzu sehr auf die leichte Schulter. Selbstüberschätzung ist eine ständige Versuchung.**

4. Resignieren Sie nicht, wenn Ihr IQ niedriger ist als erwartet. Sie haben immer noch mit „Intelligenzschule" (Kompaktwissen Band 2, vom gleichen Autor) eine Chance.

5. Wie alles im Leben hat die Intelligenz fast ebensoviele Nachteile wie Vorteile (angeblich mögen Männer keine intelligenten Frauen und Frauen keine intelligenten Männer.

6. Nicht jeder, der intelligenter ist als Sie, muß Ihnen auch überlegen sein. Es gibt noch viele andere menschliche Qualitäten.

7. Ihr selbst ermittelter persönlicher IQ entspricht in seiner Aussagekraft grundsätzlich der Genauigkeit, mit der Sie sich an die Testanweisung gehalten haben.

Orientierungshilfe 2

WIE STEHT ES UM IHRE SEELISCHE ROBUSTHEIT?

Der Besitz von Intelligenz ist eine vorteilhafte aber nicht ausschließlich lebensnotwendige Sache. Sie kann das Leben leichter, muß es aber nicht zwingend schöner machen. Wie alles im Leben hat Intelligenz Vorteile wie Nachteile. Nicht jeder der intelligenter ist als Sie, muß Ihnen deswegen auch überlegen sein. Es gibt noch viele andere Eigenschaften, die für persönliche Qualität stehen.

Was nützt alle Intelligenz, wenn sie in einer durch Neurotizismus morsch gewordenen Persönlichkeit wohnt? Intelligenz maskiert sich dann zum Hagen mit seinem Speer Disharmonie für Geist und Seele, Körper und Verhalten. Wer ständig mit sich selbst im Streit liegt, sich ständig mit sich selbst überwirft (das versteht man als Neurotizismus), für den kann Intelligenz zur Seelenkriegstechnik ausarten. Intelligente Neurotiker sind möglicherweise leistungsfähiger, aber auch gefährlicher.

Mit Hilfe der folgenden Selbsteinschätzung können Sie selbst Ihren persönlichen Neurotizismusgrad feststellen.

Prüfen Sie, in welchem Maße die folgenden Feststellungen auf Sie zutreffen. Wählen Sie von den 3 Antwort-Möglichkeiten diejenige, die am besten auf Sie zutrifft. Aber dabei Hand aufs Herz!

1. Ganz bestimmt gibt es ...
   a eine Menge
   b keine
   c den einen oder anderen
   ... Menschen, die/der mich nicht ausstehen können/kann.

2. Ich habe mit anderen ...
   a öfters Meinungsverschiedenheiten.
   b nie Meinungsverschiedenheiten.
   c manchmal Meinungsverschiedenheiten.

3. Über Leute, die mir unausstehlich sind ...
   a kann ich nur den Kopf schütteln und mir meinen Teil denken.
   b kann ich mir das Maul zerreißen.
   c kann ich hinwegsehen.

4. Ich kann mir nicht helfen, aber in einer unsauberen Umgebung fühle ich mich ...
   a einfach schlecht.
   b angewidert.
   c irgendwie unbehaglich.

5. Ich reagiere . . .
   a ängstlich
   b gelassen
   c erwartungsgespannt
. . . wenn ich etwas auf mich zukommen sehe, das ich nicht beeinflussen kann.

6. Es kommt bei mir . . .
   a nicht vor,
   b häufiger vor,
   c manchmal vor,
. . . daß ich das Gefühl habe, andere machten sich über mich lustig.

7. So richtig gern habe ich eigentlich . . .
   a wenige Menschen.
   b kaum einen Menschen.
   c nur einen Menschen.

8. Nach einem Streit bin ich es, der
   a bereit ist,
   b es nicht schafft,
   c immer Wert darauf legt,
. . . den ersten Schritt zur Versöhnung zu tun.

9. Es passiert mir . . .
   a gelegentlich,
   b öfters,
   c nicht,
. . . daß mir eine Bemerkung entrutscht, die mir hinterher leid tut.

10. Meine Ansichten sind für die meisten anderen Menschen . . .
   a überhaupt nicht von Bedeutung.
   b wohl kaum von Bedeutung.
   c von großer Bedeutung.

11. Daß Leute hinter meinem Rücken Schlechtes über mich sprechen . . .
   a dessen bin ich mir nicht so sicher.
   b kann ich mir lebhaft vorstellen.
   c weiß ich mit absoluter Sicherheit.

12. Ich mag . . .
   a einige Menschen leiden.
   b die wenigsten Menschen leiden.
   c die meisten Menschen leiden.

13. Über meine Beschwerden rede ich . . .
   a offen vor allen.
   b nur gegenüber meinen Freunden.
   c grundsätzlich nicht.

14. Ich frage mich . . .
   a oft,
   b manchmal,
   c nie,
. . . ob es auf dieser Welt wenigstens einen Menschen gibt, dem ich etwas bedeute.

15. Meinen Mitmenschen gegen-
    über sage ich . . .
    a manchmal,
    b nie,
    c meistens,
    . . . was ich von Ihnen halte.

16. Bei Leuten, die freundlicher
    sind als erwartet . . .
    a sollte man kein Risiko ein-
      gehen.
    b steckt meistens etwas ande-
      res dahinter.
    c sollte man angenehm über-
      rascht sein.

17. Bei anderen Fehler zu ent-
    decken . . .
    a halte ich für etwas Nor-
      males.
    b macht mir unheimlich
      Spaß.
    c halte ich für problematisch.

18. Einem Fremden . . .
    a vertraue ich grundsätzlich
      nicht.
    b gegenüber achte ich auf Di-
      stanz.
    c gegenüber bin ich vor-
      sichtig.

19. a Manchmal
    b Niemals
    c Öfters
    . . . bin ich der Spielverderber.

20. Für andere Menschen ist
    mein Verhalten . . .
    a leicht vorauszusehen.
    b unberechenbar.
    c nicht leicht zu berechnen.

21. Warum soll ich mich nicht . . .
    a immer
    b auch einmal
    c häufig
    . . . über andere Leute lustig ma-
    chen?

22. Daß Gemeinwohl dem Wohl
    des einzelnen vorgeht, ist
    mein . . .
    a weitgehender
    b absoluter
    c allgemeiner
    . . . Standpunkt.

23. An einen gutgemeinten Rat
    halte ich mich . . .
    a immer.
    b manchmal.
    c meistens.

24. Ich bin gern . . .
    a gelegentlich
    b öfters
    c immer
    . . . mit anderen Menschen zu-
    sammen.

Vergleichen Sie Ihre Beobachtungen mit der nachfolgenden Punktverteilung:

1) a 0	2) a 0	3) a 0	4) a 1
b 1	b 1	b 1	b 0
c 2	c 2	c 2	c 2

5) a 0	6) a 1	7) a 2	8) a 2
b 2	b 0	b 0	b 0
c 1	c 2	c 1	c 1

9) a 2	10) a 1	11) a 1	12) a 2
b 0	b 2	b 2	b 0
c 1	c 0	c 0	c 1

13) a 1	14) a 0	15) a 2	16) a 1
b 2	b 2	b 0	b 2
c 0	c 1	c 1	c 0

17) a 2	18) a 0	19) a 2	20) a 2
b 0	b 2	b 1	b 0
c 1	c 1	c 0	c 1

21) a 0	22) a 2	23) a 0	24) a 1
b 2	b 0	b 2	b 2
c 1	c 1	c 1	c 0

Zählen Sie Ihre Punkte zusammen, die Sie für angekreuzte Antworten erhalten.

Ihre Punktzahl:

137

STELLUNGNAHME

0–16 Punkte

Dieses Ergebnis signalisiert Neurotizismus. Sie gehören zu jenen Menschen, die aufgrund von äußeren und inneren negativen Einflüssen noch nicht zu sich selbst gefunden haben. Bei Ihnen besteht die Gefahr, daß ein niedrigerer Intelligenz-Quotient als erwartet Ihre Ängste und Unsicherheiten, Selbstzweifel und Minderwertigkeitsgefühle noch verstärkt. Bei einem guten Intelligenz-Quotienten sollten Sie kritisch prüfen, ob Sie Ihre Intelligenz nicht mit Vermeidungs- und Verdrängungsstrategien in Bezug auf Ihre Unzulänglichkeiten verschwenden, anstatt sie kreativ freizusetzen.

17–32 Punkte

Diese Punktzahl deutet auf eine durchschnittliche seelische Stabilität hin. Sie sind nicht mehr oder weniger neurotisch als der größte Teil der Bevölkerung. Sie können damit zufrieden sein, aber auch durch weiteres Arbeiten an sich selbst Ihrer Intelligenz noch mehr Glanz und Durchschlagskraft verleihen. Ein evtl. niedriger Intelligenz-Quotient wird für Sie nicht gleich den Weltuntergang bedeuten.

33–48 Punkte

Mit dieser Punktzahl dokumentieren Sie eine solide seelische Verfassung. Persönliche Integrität überwiegen weit gegenüber unbedeutenden Neurotizismusresten. Der Verbund von seelischer Stabilität und guter Intelligenz geben Ihnen die Befähigung und Verpflichtung, in der Gesellschaft eine herausragende Rolle zu spielen. Aber auch mit einer nur bescheidenen Intelligenz sind Sie eine angenehme und akzeptierte Persönlichkeit, die sich mit dieser Tatsache problemlos und augenzwinkernd abfinden wird.

Orientierungshilfe 3

MANAGEN SIE IHRE INTELLIGENZ RICHTIG?

Ist derjenige genügend intelligent, der Dinge versteht, die sonst keiner versteht, oder der, der die Dinge so darstellen kann, daß Sie jeder versteht? Eine Frage, die sich mit dem sinnvollen Einsatz Ihrer Intelligenz im zwischenmenschlichen Leben befaßt.
Intelligenzbesitz, schön und gut. Aber was nützt's, wenn sie in selbstverspielter Weise im stillen Kämmerlein unproduktiv dahinblüht. Intelligenz ist auch zu messen an ihrem sozialen Bezug, am direkten Ausgerichtetsein auf den Partner. Intelligenz an sich ist nicht beobachtbar. Sichtbar wird nur das intelligente Verhalten, das sich im sozialen Erlebnisraum verantwortungsvoll und partnerorientiert ereignet.

1) Was könnte das sein?

Meine Deutung: _____

2) Was könnte das sein?

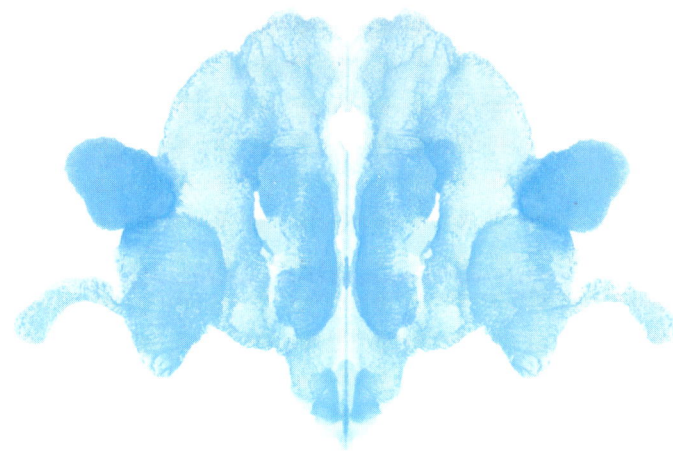

Meine Deutung: _____

3) Was könnte das sein?

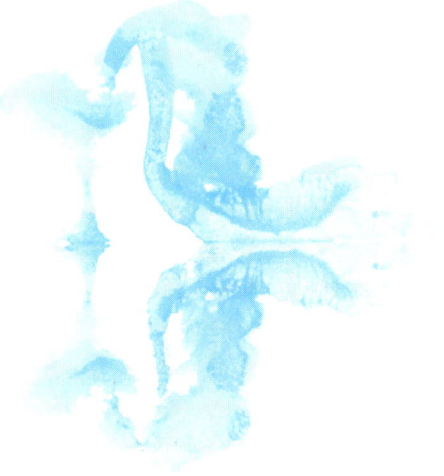

Meine Deutung: _____

4) Was könnte das sein?

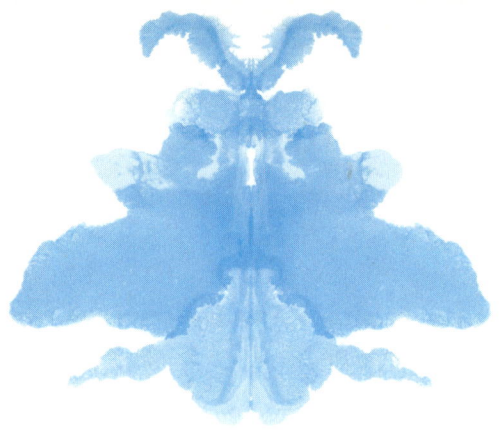

Meine Deutung: _____

5) Was könnte das sein?

Meine Deutung: _____

142

6) Was könnte das sein?

Meine Deutung: _____

AUSWERTUNG

Bewerten Sie Ihre Deutungen wie folgt:

0 Punkte

Sie konnten partout keine Deutung finden.

1 Punkt

Sie sehen etwas Gegenständliches.

2 Punkte

Sie erkennen ein Tier/Tiere.

3 Punkte

Sie sehen Menschen.

Zusatzpunkte

Für jede Deutung, in der Bewegung eine Rolle spielt, erhalten Sie 2 Zusatzpunkte.
Sie können maximal 30 Punkte erreichen. Je höher Ihre Punktzahl ist, umso besser ist Ihr Intelligenz-Management in Bezug auf soziale Verantwortung und Verpflichtung. Je niedriger Ihre Punktzahl, desto deutlicher kommt zum Ausdruck, daß es Ihnen nicht gelingt, Ihr Intelligenz-Potential produktiv in die menschliche Gemeinschaft einzubringen. Unter 20 wird es schon kritisch.
Vergleichen Sie mit Ihrem Neurotizismuswert. Sollten Sie in beiden Fällen unter 15 Punkte liegen, dann wäre ein Gespräch mit einem Psychotherapeuten ratsam.